Denkanstöße '98

SERIE PIPER

Zu diesem Buch

Mit »Denkanstöße '98« legt Piper den vierzehnten Band dieser Lesebuch-Folge vor. Zusammengestellt aus den jüngst erschienenen Sachbüchern und wissenschaftlichen Werken des Verlags, werden neue Erkenntnisse aus den verschiedensten thematischen Bereichen vorgestellt. Dieses erfolgreiche Lesebuch gewährt spannend und verständlich Einblick in aktuelle Themen und Diskussionen aus Wissenschaft und Gesellschaft. Mit Beiträgen aus Philosophie, Psychologie, Theologie, Politik, Geschichte, Musik und den Naturwissenschaften ist der Band auch ein Spiegel eines äußerst vielseitigen Verlagsprogramms. Die Autoren sind Wissenschaftler, Politiker, Künstler und Publizisten von Rang, darunter Hannah Arendt und Mary McCarthy, Karl Jaspers und Jacob Needleman, Heiko Ernst und Hans Jellouschek, Edward O. Wilson, Stuart Kauffman und Harald Fritzsch, François Furet, Gilles Kepel und Hans Küng, Colin Powell und Hans-Jochen Vogel.

Heidi Bohnet-von der Thüsen, geboren 1940 in Berlin, Studium der Philosophie und Germanistik in München, Promotion 1969, Lektorin in verschiedenen Verlagen, lebt in Bonn. Mitherausgeberin der Bände »Lust am Denken«.

Denkanstöße '98

Ein Lesebuch aus Philosophie, Natur- und Humanwissenschaften

Herausgegeben von
Heidi Bohnet-von der Thüsen

Piper München Zürich

Originalausgabe
September 1997

Umschlag: Büro Hamburg
Simone Leitenberger, Susanne Schmitt, Andrea Lühr
Umschlagabbildung: Arthur Tress/photonica
Gesamtherstellung: Clausen & Bosse, Leck
Printed in Germany ISBN 3-492-22492-X

Inhalt

Vorbemerkung

Im 14. Jahr legt der Piper Verlag die »Denkanstöße« vor: diesmal die »Denkanstöße '98« mit Einblicken in sein Wissenschafts- und Sachbuchprogramm aus den Jahren 1995/96. Wieder sind die Texte in vier Abschnitte gegliedert, die allerdings in vielerlei Hinsicht miteinander verzahnt sind.

In Teil *»I. Wege des Erkennens – Zusammenhänge im Großen und im Kleinen«* geht es um Möglichkeiten des Wahrnehmens und Verstehens. Analysiert werden das Sehen und die Wichtigkeit eines uneingeschränkten »Gesichtsfeldes« für die Stabilität der Gesamtpersönlichkeit *(Liberman)* sowie ein weiter gefaßtes Sehen, das Beobachten und die Erforschung der Naturzusammenhänge, durch das wir unsere Rolle in ihnen besser erkennen können *(Wilson)*. Ferner geht es um die Tätigkeit unseres Geistes: Das Denken kommt zur Sprache einerseits im intuitiven Erfassen der »Vordenker« wie Einstein und Newton, die »nur« durch Erfindungen ihres Geistes komplizierte Naturgesetze zu beschreiben vermochten *(Fritzsch)* – andererseits im pervertierten Gebrauch dieses Vermögens bei »schwachsinnig nachdenklichen« Intellektuellen im Amerika der 50er Jahre, die Scheinprobleme durch Scheinargumentationen zu lösen versuchen *(Arendt/McCarthy)*. Und noch ein Weg zum Verstehen wird geschildert, das Hören, Fühlen, Empfinden: Indem wir die musikalischen und sprachlichen Mittel des Komponisten aufnehmen und einordnen, verstehen wir das, was er – in diesem Falle Wagner – »sagen« will *(Wapnewski)*. Das hingegen zu erfassen, was unser Leben »hält« und bedingt, ist eine höhere Art des Erkennens: Dieses uns umgreifende »Heilige« kann im Wirken eines begnadeten Arztes sichtbar *(Needleman)* oder uns als Erleuchtung im Gebet geschenkt werden *(Menuhin)*.

Wenn in Teil *»II. Ordnungen – das Nahe und das Ferne«* danach gefragt wird, warum Ordnung für ein Kind so wichtig ist, rührt man an Grundprobleme von Autorität und Erziehung *(Schönfeldt, Jaspers)*. Andererseits scheinen sich Wertmaßstäbe, Ordnungen, die für eine Gesellschaft unabdingbar waren, auch zu ändern, ja sich aufzulösen. In Politik und Wirtschaft ist Korruption die Folge und muß dort bekämpft werden *(Roth)*, während wir auf anderen Gebieten als Ersatz für Verlorengegangenes neue Formen, neue Rituale anstelle der zerstörten finden müssen *(Jellouschek)*. Das führt uns zu der prinzipiellen Frage: Gibt es Ordnungen – seien es die des Mikrokosmos, der Atome, seien es die ethischen der großen staatlichen Gebilde –, die »ewig« sind, oder zerfällt jede Norm *(Heisenberg)*?

Einzelthemen aus den Bereichen Geschichte und Gesellschaft bilden den Grundstock von Teil *»III. Bilanz – Erfahrungen und Lernprozesse«*. Es werden Versäumnisse bei der Förderung der Wissenschaftsgeschichte, insbesondere nach der deutschen Wiedervereinigung, beklagt *(vom Brocke)*, des weiteren kommen die Motive Stalins für sein Eingreifen in den Spanischen Bürgerkrieg zur Sprache *(Furet)* ebenso wie der Streit um den Anspruch, Gottes »auserwähltes Volk« zu sein, der in den letzten Jahrzehnten in Amerika zwischen Schwarzen und Juden tobte *(Kepel)*. Es gibt Überlegungen zur sozialdemokratischen Deutschlandpolitik *(Vogel)*, zum Eingreifen der USA in Vietnam *(Powell/Persico)* und zur Frage, ob man Rußland als Folge der Mongolenherrschaft nicht eher Asien als Europa zuordnen müsse *(Haumann)*. Aspekte der Verzahnung von Macht, Politik und Ethik werden am Beispiel der alttestamentlichen Geschichte von König David erörtert *(Drewermann)*.

Teil *»IV. Neue Wirklichkeiten – auf Herausforderungen antworten«* behandelt den Wandel, der unser Leben auf allen Ebenen spürbar betrifft und mit dem wir uns auseinandersetzen müssen. Es ist unbestritten, daß sich die Rolle der Familie und der Alten in der Gesellschaft geändert hat *(Ernst)*, womit auch die Weise zusammenhängt, wie Frauen heute ihre Wechseljahre erleben *(Ojeda)*. Unsere humanitäre Demokratie scheint in eine neue Barbarei der extremen Ungleichheit der Menschen und in zerstörerische Fundamentalismen abzurutschen *(Scheer)* – ein Prozeß, dem wir uns entgegenstemmen müssen. So müssen wir z. B. dafür sorgen, daß die »Verlierer«, die armen Entwicklungsländer, am Fortschritt der Medizin dadurch Anteil haben, daß Forschung auch auf ihre Bedürfnisse zugeschnitten wird und die Ergebnisse – z. B. in

Form von Medikamenten – für sie erschwinglich sind *(Cohen)*. Wir wissen noch zu wenig darüber, welche Auswirkungen sich für uns aus der Globalisierung ergeben, und wir haben noch keine Theorie über das Entstehen neuer weltweiter Netzwerke. Wir wissen nur, daß wir Toleranz, Humor und neue Mythen brauchen, wenn wir als Weltzivilisation überleben wollen *(Kauffman)*. Wir brauchen ein neues Weltethos, das sich, so die begründete Hoffnung, in einem lang andauernden Prozeß der Bewußtseinsveränderung durchsetzen wird *(Küng)*.

Jeder der Texte kann für sich gelesen werden, steht aber dennoch in Beziehung zu vielen anderen. Das bedeutet, daß man darüber streiten könnte, ob man einige Beiträge nicht woanders einordnen sollte. Das heißt aber auch, daß ein Text in einem bestimmten Zusammenhang jemanden als Schlüsselerlebnis zu bestätigendem Mitdenken veranlassen könnte, während derselbe Text unter einer anderen Kategorie zum Quer- und Gegendenken anzuspornen vermag. In beiden Fällen wäre es schön, wenn die Freude, die die Auswahl der Texte begleitete, das Mit- und Selberdenken der Leserinnen und Leser beflügeln könnte.

Heidi Bohnet-von der Thüsen

I. WEGE DES ERKENNENS – ZUSAMMENHÄNGE IM GROSSEN UND IM KLEINEN

Hannah Arendt / Mary McCarthy
Intellektuellen-Gesellschaft

Wellfleet / Mass., 10. August 1954

Liebe Hannah,
dies ist der zweite Brief, den ich Dir schreibe; den ersten habe ich als zu langweilig verworfen. Kommst Du uns in der ersten Septemberhälfte mit Heinrich besuchen? Ich hoffe es sehr. Ich bin so begierig, mit Dir zu reden. Zur Zeit bin ich wie erschlagen vom gesellschaftlichen Geschwätz des Hochsommers am Cape und ringe nach Luft. Irgendwie wurde unsere Abwehr durchbrochen, und nun sind wir dem gnadenlosen Geben und Nehmen von Einladungen ausgeliefert. Der Frühsommer war wundervoll, aber seit drei Wochen folgen wir wie Lemminge dem geheimnisvollen Ruf gesellschaftlicher Pflichten. Es gibt gewaltige Gartenparties für Hunderte von Menschen. Man hört den Lärm und riecht die Alkoholschwaden buchstäblich eine halbe Meile weit. Man beschließt, nicht hinzugehen, und findet sich dann irgendwie in letzter Minute doch dort ein, aus Furcht, etwas zu verpassen. Die Feste sind nicht einmal besonders ausschweifend; sie verströmen eine tödliche Langeweile. Diese Woche kämpfen wir uns wieder frei, abgesehen davon, daß wir nun Dutzenden von Leuten eine Gegeneinladung »schulden«. Du tust gut daran, nach Palenville[1] zu gehen, obwohl ich sicher bin, daß Du, wenn Du hier wärst, dem Trend widerstehen würdest. Wie auch immer, das alles endet abrupt am Labor Day, wie eine mittendrin angehaltene Schallplatte. Der September wird golden und friedvoll sein.

1 In Palenville, N.Y., in den Catskills mieteten Hannah Arendt und ihr Mann für den Sommer oft einen Bungalow.

Bis vor etwa drei Wochen, als ich Gäste bekam, um die ich mich meinte kümmern zu müssen, habe ich ziemlich gut an meinem Roman [»A Charmed Life«] gearbeitet. Über ein damit zusammenhängendes Problem, das der Bohemiens und der dogmatischen Ignoranz, möchte ich unbedingt mit Dir reden. Oder über die ins Wanken geratene Wissenschaft der Epistemologie. »Woher *weißt* Du das?« – mit dieser Frage quittiert eine der Figuren eintönig alle Tatsachenaussagen oder ästhetischen Urteile. Bei moralischen Problemen lautet der entsprechende Refrain: »Warum nicht?« »Warum sollte ich meine Großmutter nicht umbringen, wenn ich das will? Nenne mir einen vernünftigen Grund«, sagt eine andere Figur. Das ist das alte Problem Raskolnikoffs [in »Schuld und Sühne«], in grotesker Parodie; die Frage ist nämlich nicht ernst gemeint, sondern Ausdruck einer Art geistigen Unruhe, wie wenn ein Kind um Antworten bettelt, die es gar nicht verstehen will. Dieses Pseudo-Fragen, diese dümmliche »Nachdenklichkeit« breitet sich in der modernen Gesellschaft immer mehr aus, finde ich; der Durchschnittsmensch, mißtrauisch und schlau, ist so etwas wie ein Intellektueller – aber was für einer. Er zweifelt, wie eine Parodie eines Philosophen, und giert nach Informationen wie nach Süßigkeiten. Ich sehe das und versuche, es zu beschreiben, aber was ich nicht weiß – und darüber möchte ich mir Dir reden –, ist, wie und wann das entstanden ist, historisch. Ich habe das Gefühl, ein Thema angepackt zu haben, dem ich nicht gewachsen bin. Wann begann dieser ritualisierte Zweifel zuerst in die Philosophie und dann ins alltägliche Denken einzudringen? Ich vermute, daß es in seiner modernen Form auf Kant zurückgeht. Oder würdest Du sagen, Hume? Meine Unwissenheit und Unfähigkeit entsetzen mich, sobald ich versuche, diesen Faden durch das Labyrinth zurückzuverfolgen. Ich möchte anfangen zu lesen, weiß aber nicht, wo ich beginnen soll. Ich nehme an, daß Nietzsche entscheidend war und daß seither eigentlich nichts mehr getan wurde, um das Problem zu lösen. Sind nicht alle modernen Philosophien – logischer Positivismus, Existentialismus, Neothomismus, Relativismus, was immer das genau sein mag – Ausflüchte oder Versuche, die epistemologische Frage zu umgehen, so wie die Rückkehr zur Religion, die vor allem deshalb so deprimierend ist, weil im Grunde niemand mehr daran glaubt; sie ist nur eine andere Form des Zweifels? In diesem Sinne ist der Marxismus als politische Philosophie gewiß ein Anachronismus; er hat nichts mit der Moderne zu tun, so weit ich sehen kann.

Philip Rahv war hier und ließ mir Deinen Aufsatz da[1], den ich gerade lese und nicht nur sehr lebendig finde, wie alle Deine Artikel, sondern auch erstaunlich relevant für das Problem, das mich quält. Ich habe mich auch mit Deiner Abhandlung über Ideologie und Terror beschäftigt – besonders mit den Gedanken zur Logik.[2] Der Gebrauch von Logik als dem wichtigsten Instrument des Verstehens erscheint mir ebenfalls typisch für die oben erwähnte »Nachdenklichkeit«. Besonders klar sieht man das an Dwights [Macdonald] Denken und an seiner Sexualmoral, die eminent »logisch« ist. Auch darüber möchte ich mit Dir sprechen. Ich kenne sonst niemanden, der sich mit dieser Frage beschäftigt, die mir so ungeheuer wichtig ist. Rahvs marxistische Gewißheit erscheint mir vorsintflutlich; es ist, als rede man mit einem versteinerten Mammut. Ich kann Dir nicht darin zustimmen, daß er bei politischen Themen interessant ist – jedenfalls nicht nach seinem letzten Besuch. Am besten gefällt er mir in seinen literarischen Monologen, nicht über neuere Texte, die er rein polemisch oder strategisch betrachtet, sondern über die älteren russischen und deutschen Schriftsteller, die seine Phantasie beflügeln. Bei allen anderen Themen regte er mich fürchterlich auf, es ist, als würden wir uns auf dem Turm von Babel anschreien. Nicht unfreundlich, nur entfremdet und auf der Hut voreinander. Wahrscheinlich war ich daran schuld.

Alfred [Kazin] war hier und hat mich aus irgendeinem Grund

1 Das könnte ein Teil von »The Concept of History, Ancient and Modern« gewesen sein. Dieser erschien unter dem Titel »History and Immortality« in der *Partisan Review* vom Januar/Februar 1957. Er gehörte zu einer von Arendt geplanten, aus mehreren Texten bestehenden größeren Studie über die paradoxe Beziehung zwischen dem Marxismus und der, wie sie es nannte, »großen Tradition« des abendländischen Denkens sowie über das Aufkommen der totalitären Herrschaft in der Moderne. Arendt schloß die Studie nie ab, doch die Essays wurden später in »Between Past and Future« aufgenommen.

2 »Ideology and Terror«, ursprünglich das vierte Kapitel des unvollendeten Buches über den Marxismus, erschien zuerst in der *Review of Politics* vom Juli 1953. In der zweiten Auflage von »The Origins of Totalitarianism« (1958) bildete der Text den Epilog.

geschnitten. Im Moment regte es mich auf, sehr zu Unrecht, weil ich ihn ja nicht mag. Andererseits lehne ich ihn aber nicht so *gänzlich* ab. Auch Saul Bellow war hier, mit Sohn und Hund, ebenfalls nicht sehr freundlich. Kurz, der letzte Monat war ziemlich paranoid, was mich ganz durcheinanderbrachte. Das ist das Schlimmste an Orten wie diesem; ständig wird dein Wert in Frage gestellt, und dich erschüttern soziale Kränkungen auch von Leuten, die dir gleichgültig sind. Und alle deine Freunde brennen darauf, dir am Strand von Parties zu erzählen, zu denen du nicht eingeladen warst. So führt man dir, ob du willst oder nicht, immer vor Augen, was gerade dein Status ist, es sei denn, du bleibst im Haus und versperrst die Tür. Aber auch dann müßtest du ja einkaufen gehen, und im Geschäft begegnest du Mrs. Kazin, Mrs. Levin, Mr. Bellow, Mrs. Wechsler etc.[1]

Dwight vermisse ich schon. Arthur Schlesinger war hier, arbeitete morgens in unserem Studio und schrieb einen Artikel über den Fall Oppenheimer.[2] Er hatte die Unterlagen und gab sie mir zu lesen. Was hältst Du von der Sache? Ich für meinen Teil kann ihn überhaupt nicht als Sicherheitsrisiko sehen, obwohl ich ihn auch nicht gerade bewundere. Er ist wunderlich, irgendwie unheimlich, und einfach dafür wird er bestraft. Die Leute sprechen verärgert über seine »Arroganz«, als ob die in einer Demokratie strafbar wäre. Ich persönlich hätte mir gewünscht, er wäre während des Verfahrens etwas arroganter gewesen, er war zu *beflissen* und ehrerbietig, zu sehr an die herrschende Meinung angepaßt. Ihm fehlte politischer Mut. Und doch bringt es mein Blut in Wallung, wenn ihn schwammige Sultane mittleren Alters wie Herbert Solow und Allen Strook vom AJC [American Jewish Committee]

1 Mrs. Levin und Mrs. Wechsler waren die Ehefrauen des Harvard-Kritikers Harry Levin und des Zeitungsverlegers James Wechsler.

2 Im Sommer 1954 stufte die Atomic Energy Commission (AEC) J. Robert Oppenheimer, den Direktor des Institute for Advanced Study in Princeton, nach ausführlichen Anhörungen als Sicherheitsrisiko ein. Er war Experte für Kern- und Quantenphysik und hatte das Science Laboratory in Los Alamos geleitet, das zwischen 1942 und 1945 den Bau der Atombombe koordinierte. Die AEC kam zu ihrem Urteil, weil er einst Verbindungen mit linksorientierten Gruppen unterhalten hatte, besonders mit H. Chevalier (vgl. S. 14, Anm. 3), vor allem aber, weil er gegen die Entwicklung der Wasserstoffbombe war.

wegen politischer »Unreife« verurteilen, wie salbungsvolle Schweine. Ich wünschte, Du würdest etwas darüber schreiben, ich dachte selber daran, gab die Idee aber auf; meine Vorstellungen waren nicht klar genug. Rahv, als alter Marxist, meint, der Fall beweise, daß Intellektuelle nicht für den Staat arbeiten sollen: Erst wirst du korrumpiert, dann erniedrigt. Dem kann ich nur zustimmen. Mit Greenberg[1] hat er schrecklich über den Fall gestritten, sagt er, als dieser forderte, Oppenheimer einzusperren. Doch Danny Bell[2] telegrafierte erstaunlicherweise an das [American] Committee for Cultural Freedom und nominierte Oppenheimer als Vorsitzenden. Es scheint auf eine Art puritanische Mißgunst hinauszulaufen. Alte Recken wie Greenberg und Solow verübeln Oppenheimer seinen Pariser Lunch mit [Haakon] Chevalier[3], wie treue Ehemänner, die mit ansehen müssen, wie sich ein Kollege auf eine Affäre mit einer Schauspielerin einläßt.[4]

So, ich muß jetzt Schluß machen. Bitte komm, wenn Du kannst. Du weißt nicht, wie sehr ich mich nach Dir sehne. Bowden [Mary McCarthys Ehemann] läßt Euch beide herzlich grüßen. [...]

Alles Liebe für Euch beide,

Mary

1 Gemeint ist der Bruder des Kritikers Clement Greenberg, Martin Greenberg, der Herausgeber des *Commentary* war.

2 Der Soziologe Daniel Bell gehörte dem Vollzugsrat des American Committee for Cultural Freedom an.

3 Der bekannte französische Übersetzer Haakon Chevalier war ein Freund Oppenheimers und eine Schlüsselfigur im »Fall Oppenheimer«. Nach dem Start des Atomprogramms in Berkeley erzählte er diesem von einem Bekannten, der für Oppenheimer ein wissenschaftliches Gespräch mit Angehörigen des sowjetischen Konsulats arrangieren wolle. Oppenheimer unterrichtete zwar die Sicherheitsbehörden von einem Gespräch, berief sich dabei aber auf Hörensagen, als habe er selbst nicht daran teilgenommen. Bei späteren Verhören gestand er die Lüge ein. Auch sein Pariser Essen mit Chevalier wurde bei der Sicherheitsprüfung vor der AEC scharf kritisiert.

4 Die Metapher der »Affäre mit einer Schauspielerin« hatte McCarthy in der Erzählung »Portrait of The Intellectual as a Yale Man« in »The Company She Keeps« (1942) benutzt.

Palenville, N. Y., 20. August 1954
Chestnut Lawn House

Liebste Mary –
Dein Brief war eine wirkliche Freude. Erst als ich ihn bekam, merkte ich, daß ich ihn erwartet hatte. Laß mich gleich mit dem Wichtigsten beginnen und den Kleinkram für nachher aufheben.

Die schwachsinnige Nachdenklichkeit oder nachdenkliche Schwachsinnigkeit der Intellektuellen – Dein Beispiel: Warum sollte ich meine Großmutter nicht töten, wenn ich das will? Solche und ähnliche Fragen wurden in der Vergangenheit einerseits von der Religion, andererseits vom Common sense beantwortet. Die religiöse Antwort ist: Weil du zur Hölle fahren und in ewiger Verdammnis sein wirst; die Common-sense-Antwort ist: Weil du selbst nicht ermordet werden willst. Beide Antworten funktionieren nicht mehr, und das nicht nur wegen dieser spezifischen Aussagen – keiner glaubt mehr an die Hölle, keiner ist sich mehr so sicher, ob er nicht getötet werden will oder ob der Tod, selbst der gewaltsame Tod, wirklich so schlimm ist –, sondern wegen ihrer Ursprünge: Der Glaube einerseits und die Common-sense-Urteile andererseits sind nicht mehr sinnstiftend. Die philosophische Antwort wäre die des Sokrates: Da ich mit mir selbst leben muß, ja in der Tat die einzige Person bin, von der ich mich niemals trennen kann, deren Gesellschaft ich für immer zu ertragen habe, will ich kein Mörder werden; ich will mein Leben nicht in Gesellschaft eines Mörders verbringen. Diese Antwort taugt nichts mehr, weil heutzutage kaum jemand in Übereinstimmung mit sich lebt; ist er allein, so ist er einsam, das heißt nicht mit sich selbst zusammen. (Ob man unter solchen Umständen in der Lage ist, mit anderen Menschen zusammenzusein, ist eine andere Frage.)

Ich stimme Dir vollkommen zu, daß all diese Leute sich wie Parodien von Philosophen aufführen, weil sie in eine Situation gestellt wurden, auf die sich in unserer ganzen Geschichte überhaupt nur Philosophen einzulassen wagten. Die Sokratische Antwort hat niemals wirklich funktioniert, weil dieses Leben durch sich selbst, auf das sie gegründet ist, das Leben des Denkers *par excellence* ist: In der Tätigkeit des Denkens bin ich mit mir selbst zusammen – weder mit anderen Menschen noch mit der Welt als solcher, wie es der Künstler ist. Unsere Freunde, die sehnsüchtig nach philosophischer »Information« (etwas, was es nicht gibt) verlangen, sind keinesfalls »Denker« oder gewillt, in das Denkgespräch mit sich selbst einzutreten. Die Sokratische Antwort würde auch nicht helfen. Helfen heißt hier nur: das Argument abkürzen.

Was die Art des Arguments angeht, so hängt sie mehr als diese allgemeine Haltung von Unterschieden in der nationalen Tradition, in Bildung und Erziehung und so weiter ab. Ich würde meinen, daß Dwight den angelsächsisch-amerikanischen Typ so gut verkörpert, wie man es vernünftigerweise von jemandem erwarten kann. Bei den englischen Philosophen trat die Moderne zuerst in der Verkleidung der Common-sense-*Argumente* auf, das heißt, daß man den Common sense und seine Sinn-Qualitäten in eine sehr spezielle Form des Denkens umdeutete, die Hobbes, der größte Meister unter ihnen, als »reckoning with consequences« bezeichnete. Das ist es, was Dwight tut: Er geht von einer bestimmten Annahme aus, die er normalerweise nicht offenlegen wird, was er übrigens auch nicht könnte, und wird anschließend »die Folgen errechnen«. Das Endergebnis ist das, was er für Wahrheit hält. Der Trugschluß ist einfach: Jeder Narr kann ihm die Annahme bloßlegen und seinerseits bei einer anderen Hypothese beginnen und bei einer anderen Art von »Wahrheit« ankommen. Der Zweifel, den Du erwähnst, ist in dieser Tradition nur Heuchelei; es ist überhaupt nicht der Zweifel, mit dem das Argument beginnt, sondern die Annahme. Dies unterscheidet sich sehr von der französischen Art der Moderne, wo der Cartesische Zweifel vorherrscht und durchdringt, was immer folgt. Was beide, die französische und die englische Tradition, gemeinsam haben und was, wie ich meine, die Wurzel der Moderne ist, ist das Mißtrauen gegenüber den Sinnen, welches wahrscheinlich das unmittelbare Ergebnis der großen Entdeckungen der Naturwissenschaften war, die demonstrierten, daß die menschlichen Sinne die Welt nicht als das enthüllen, was sie ist, sondern im Gegenteil die Menschen nur in den Irrtum führen. Daraus folgte die Umdeutung des Common sense oder vielmehr das ungute Gefühl ihm und seiner Sinn-Eigenschaft gegenüber: Der Common sense *(le bon sens)* nämlich ist eine Art sechsten Sinnes, durch den alle besonderen, von den fünf Sinnen gegebenen Sinnesdaten in eine gemeinsame Welt eingepaßt werden, eine Welt, die wir mit anderen teilen können, mit ihnen gemeinsam haben. Der Common sense war, mit anderen

Worten, die Kontrollinstanz für die möglichen Irrtümer der anderen fünf Sinne. Das durchschnittliche Leben wird in einer Welt gelebt, die mit den Sinnen erfahren und vom Common sense kontrolliert und geleitet wird. Wenn dieser Common sense verlorengeht, gibt es keine gemeinsame Welt mehr, nicht einmal mehr jene, aus der sich der Philosoph zeitweise entfernen zu dürfen glaubt, zu der er aber immer wieder zurückkehren muß. Die Umdeutung des Common sense begann, als angenommen wurde, daß er nicht ein Sinn ist, der die gemeinsame Welt konstituiert, sondern ein Vermögen, welches wir alle besitzen, das uns gemeinsam ist. Dies Vermögen ist das logische Vermögen, die Tatsache, daß wir alle einstimmig sagen werden: Zwei und zwei ist vier. Aber dieses Vermögen, auch wenn wir es alle besitzen mögen, ist vollkommen unfähig, uns durch die Welt zu geleiten oder überhaupt irgend etwas zu erfassen. Es unterstreicht nur die äußerste Subjektivierung, selbst wenn wir annehmen mögen (zu Unrecht natürlich), daß alle Subjekte dieselben sind. In dieser Entwicklungslinie mußt Du bei der Idee vom »Normalmenschen« ankommen – Normalmenschen, die alle dieselben sind, weil ihnen eine Welt, die sie gemeinsam haben könnten, fehlt. Und da dies natürlich unmöglich ist, hast Du eine Situation, in der jeder »nicht normal« ist und einen Psychoanalytiker oder Gott weiß was braucht, damit er wie »jeder andere« wird, das heißt wie jemand, der niemand [*no body*] ist, im buchstäblichsten Sinne des Wortes.[1]

Nun geschichtlich: Das Ritual des Zweifels begann mit Descartes, und nur bei ihm wirst Du die ursprüngliche Motivation finden: die wirkliche Angst, daß nicht Gott, sondern ein böser Geist hinter dem ganzen Schauspiel des Seins existiert. Bei Hobbes wirst Du die folgerichtige Entwicklung der modernen Argumentation finden. Kant: versuchte schon, diesem Dilemma zu entkommen. Er fragte: Was sind die Bedingungen für unsere Erfahrung? Entscheidend bei Kant ist, daß für ihn, und für ihn allein, das höchste Vermögen des Menschen die Urteilskraft ist (und nicht das Denken wie bei Descartes oder das Schlußfolgern und immer weitere

1 Ein normaler Mensch wäre jemand, der in unendlicher Wiederholung immer nur sagen könnte: Zwei und zwei ist gleich vier. [Zusatz von Arendt oben auf der Seite.]

Schlußfolgern wie bei Hegel). (Hume, finde ich, ist nicht so interessant.) – Nietzsche: natürlich, besonders alles in den späten Manuskripten, veröffentlicht unter dem irreführenden Titel »Wille zur Macht«. Aber auch der »Zarathustra«. – Dann von Kierkegaard eine kleine, wenig bekannte Abhandlung über den Cartesischen Zweifel, »De omnibus dubitandum est«. – *Last not least:* Pascal. – Unter den modernen Philosophen ist Heidegger der interessanteste, denke ich, weil er versucht, Nietzsche in allen seinen Konsequenzen zu durchdenken, während er gleichzeitig die ganze Tradition der Philosophie im Kopf hat und lebendig hält. Ein paar Übersetzungen ins Englische werden bald erscheinen, und sehr viel wurde ins Französische übersetzt.

Wenn ich etwas Eigenes hinzufügen darf, unabhängig von der historischen Situation: Der Hauptirrtum ist zu glauben, daß Wahrheit ein Ergebnis ist, das sich am Ende eines Denkprozesses einstellt. Wahrheit ist, im Gegenteil, immer der Anfang des Gedankens; Denken ist immer ergebnis-los. Das ist der Unterschied zwischen »Philosophie« und Wissenschaft: Wissenschaft hat Ergebnisse, Philosophie nie. Das Denken beginnt, nachdem eine Wahrheitserfahrung eingeschlagen hat, sozusagen. Der Unterschied zwischen Philosophen und anderen Menschen liegt darin, daß erstere sich weigern, davon abzulassen, aber nicht darin, daß sie die einzigen Gefäße für die Wahrheit sind. Diese Auffassung, daß Wahrheit das Ergebnis von Denken ist, ist sehr alt und geht auf die klassische Philosophie zurück, möglicherweise bis zu Sokrates. Wenn ich recht habe und sie ein Trugschluß ist, dann ist sie wahrscheinlich der älteste Trugschluß der westlichen Philosophie. Du kannst sie in nahezu allen Definitionen der Wahrheit entdecken, und besonders in der traditionellen von der *adaequatio rei et intellectus* [der Übereinstimmung von Gegenstand und Einsicht]. Die Wahrheit ist, mit anderen Worten, nicht »im« Denken, sondern, um Kants Sprache zu benutzen, die Bedingung für die Möglichkeit des Denkens. Sie ist beides, Anfang und Apriori.

Genug davon – das alles ist mir, habe ich das Gefühl, im Augenblick strikt verboten. Palenville ist wundervoll, wie immer, und Dein Bericht über die Society von Wellfleet hat mich sehr amüsiert. Nichts davon hier. Rahv: Du hast wahrscheinlich recht, ich hatte selbst Schwierigkeiten in den letzten Monaten, aber irgendwie mag ich ihn und Du auch. [...] Alfred: Rose [Feitelson[1]] hat Dir, glaube ich, erzählt, was passiert ist. Ich fürchte, daß er auf Anweisung handelt. Ich bin sehr traurig und auch überrascht. Hätte es nicht für möglich gehalten.[2] Danny Bell benimmt sich im allgemeinen besser als die, die um ihn sind; er ist der einzige, der ein Gewissen hat, das ihn hin und wieder beunruhigt. Er ist auch ein bißchen intelligenter als die anderen.

Wellfleet: Mary, ich weiß noch nicht. Heinrich [H. A.s Ehemann] geht schon nach dem Labor Day wieder zurück ins College[3], wir werden hier bleiben bis fast zum Schluß, die einzige Lösung wegen Arbeit usw. Ich will am 8. nach Chicago und um den 12. herum zurück sein. Laß uns sehen, wie sich die Dinge entwikkeln, und dann vielleicht telefonieren – in Ordnung? Wie sieht's bei Dir aus? Wie lange wirst Du dort bleiben? Meinst Du nicht, Du würdest lieber nach New York kommen und bei uns wohnen? Ich brauche nicht zu wiederholen, daß ich immer glücklich sein werde, Dich bei mir zu haben. Denk darüber nach! Eine andere Möglichkeit wäre, daß Du hierher kommst; Heinrich fährt am 29. nach Hause, und ich bleibe noch die folgende Woche bis Freitag. Vielleicht magst Du das mit einem Trip nach New York verbinden. Ich habe hier einen kleinen Bungalow, und wir könnten eine wunderbare Zeit miteinander verbringen. [...]

Oppenheimer: Ich mag ihn ganz und gar nicht, aber natürlich ist er kein Sicherheitsrisiko, und die ganze Sache ist eine Schande, aber ziemlich ernst. In zehn Jahren wird Amerika in den Naturwissenschaften zurückgefallen sein, und das kann in unserem Zeitalter eine Katastrophe bedeuten. Rahv hat in diesem Punkt nicht ganz unrecht; man sollte wirklich nicht für die Regierung arbeiten.

1 Rose Feitelson war eine enge Freundin von Hannah Arendt, eine ihrer wichtigsten »Englishers« (so Hannahs Ausdruck) bei der Arbeit an »The Origins of Totalitarianism«.

2 Nach Feitelson war Alfred Kazins abweisendes Verhalten gegenüber McCarthy darauf zurückzuführen, daß sich seine Frau, Ann Birstein, über die Broadwaters geärgert hatte. Sie hatten über das New Yorker Apartment der Kazins, das sie in den ersten Monaten des Jahres 1953 gemietet hatten, abfällige Bemerkungen gemacht.

3 Blücher lehrte »humanities« am Bard College in Annandale-on-Hudson, New York.

Aber falls die Naturwissenschaftler für diese Weisheit einmal weise genug werden, dann wird das eine Katastrophe sein, und zwar keine geringe.

Ich freue mich, daß Du den Essay über »History« magst. All das sind kleine Sachen, und es gibt vielleicht gar keinen guten Grund, sie zu veröffentlichen. Zur Zeit übersetze ich das alte Buch [»The Origins of Totalitarianism«] ins Deutsche, bin dabei unglücklich und möchte unbedingt zu dem zurückkommen, was ich wirklich tun will – wenn ich es kann.[1] Aber das ist nicht so wichtig, ich meine, ob ich fähig sein werde, zu tun, was ich will, oder nicht. Heinrich hat einen wunderbaren Rat für seine Studenten, wenn sie über das Philosophiestudium reden: Er sagt ihnen, Ihr könnt es nur machen, wenn Ihr wißt, daß es das Wichtigste in Eurem Leben sein wird, darin erfolgreich zu sein, und das Zweitwichtigste, beinahe ebenso wichtig, genau hierbei zu scheitern.

Ich freue mich so sehr darauf zu sehen, was immer Du von Deinem Roman [»A Charmed Life«] hast und zeigen magst. Unnötig zu sagen, daß ich das Thema faszinierend finde. Und laß uns bald zusammenkommen, so oder anders.

Herzliche Grüße Euch beiden,

Deine Hannah

1 Die Essays, die sich mit der »großen Tradition« beschäftigten und in dieser Zeit verfaßt wurden, waren für Arendts unvollendete Analyse des Marxismus bestimmt. Das, was sie »wirklich tun will«, mögen die Überlegungen über Arbeit, Herstellen und Handeln gewesen sein, die aus diesen Essays erwuchsen und später zu dem Buch »The Human Condition« wurden.

Harald Fritzsch
Das Einfache, das so schwer zu machen ist

Einstein: Also lassen Sie mich kurz den Gang der Dinge erzählen: Im Verlauf der zwanziger Jahre untersuchte Hubble das Licht der fernen Sterne. Mit Hilfe der Spektralanalyse, also einer Analyse der Verteilung der verschiedenen Farben im Sternenlicht, konnte Hubble bestätigen, daß in den Sternen der Nachbargalaxien dieselben chemischen Elemente vorhanden sind wie in unserer Galaxie – Wasserstoff, Helium, Lithium usw. Diese Atome senden, wenn sie stark erhitzt sind, Photonen einer ganz bestimmten Energie aus, die man durch Experimente hier auf der Erde genau kennt.

Wenn man das Licht, das zum Beispiel vom Wasserstoff in einer fernen Galaxie emittiert wird, genau studiert, kann man feststellen, ob die Photonen dieselbe Energie besitzen wie die entsprechenden Photonen, die man bei den Experimenten auf der Erde mißt. Der Witz ist nun, daß diese Energie sich verändert, wenn sich die Galaxie relativ zur Erde bewegt. Entfernt sich die Galaxie von der Erde, wird die Energie etwas kleiner; umgekehrt wird sie größer, wenn sich die Galaxie auf die Erde zubewegt. Durch die Bewegung der Galaxie wird den Photonen gewissermaßen noch eine zusätzliche Energie vermittelt.

Es ist wie bei einer Schiffskanone. Die Energie einer Kanonenkugel, die von einem fahrenden Schiff abgefeuert wird und irgendwo einschlägt, wird größer, wenn das Schiff in Richtung Zielort fährt, und kleiner, wenn es sich in entgegengesetzter Richtung bewegt.

Newton: Man kann also durch eine Analyse des Lichtes feststellen, wie schnell sich eine ferne Galaxie bewegt. Was hat Hubble nun gefunden?

Einstein: Als ich ihn hier auf dem Mount Wilson besuchte, zeigte er mir die Verteilung der Geschwindigkeiten für eine ganze Reihe von Galaxien. Die Geschwindigkeiten waren ganz unterschiedlich, aber typischerweise im Bereich von Tausenden von Kilometern pro Sekunde.

Newton: Ich nehme an, einige von ihnen bewegten sich in Richtung Erde, andere von ihr weg.

Einstein: Eben nicht. Das erste auffällige Merkmal war: Die fernen Galaxien bewegen sich alle von der Erde weg, zumindest diejenigen, die weit genug entfernt waren.

Haller: Man nennt diesen Effekt oft auch die Rotverschiebung des Lichtes der fernen Galaxien. Wenn die Galaxien von der Erde wegstreben, wird die Energie des Lichts verringert. Dies bedeutet, daß sich die Wellenlänge des Lichts vergrößert. Damit verschieben sich die Farben des Sternenlichts in Richtung der roten Farbe, denn die Energien der Lichtteilchen vom roten Licht sind kleiner als die Energien der Teilchen vom blauen Licht. Der Effekt ist ganz analog dem Effekt, den jeder von der Sirene eines vorbeifahrenden Polizeiwagens kennt: Bewegt sich der Wagen vom Beobachter weg, erscheint der Ton tiefer als der Ton einer ruhenden Sirene.

Newton: Dann wäre also die Rotverschiebung ein Hinweis auf eine kosmische Expansion wie im Friedmann-Modell?

Einstein: Bitte etwas Geduld. Hubble, der nichts von den theoretischen Vorstellungen wußte, tat intuitiv das einzig Richtige – er schaute nach, ob es eine Beziehung zwischen den Fluchtgeschwindigkeiten und den Entfernungen gab. Zwar war es schwierig, die Entfernungen einigermaßen genau zu bestimmen, und es stellte sich später heraus, daß ihm hierbei sogar einige systematische Fehler unterlaufen waren. Das soll uns aber nicht näher interessieren. Hubble bemerkte als erstes, daß Galaxien, die ungefähr gleich weit entfernt waren, dieselbe Fluchtgeschwindigkeit aufwiesen. Das war schon ein erster Hinweis, daß die Geschwindigkeit irgendwie von der Entfernung abhängt. Dann verfertigte er ein Diagramm, in dem er die Fluchtgeschwindigkeiten in Abhängigkeit von der Entfernung auftrug. Es stellte sich heraus, daß sich die Galaxien um so schneller von uns wegbewegen, je größer die Entfernung ist – Fluchtgeschwindigkeit und Entfernung waren einander proportional. Das ist genau der Effekt, den man im Friedmann-Modell erwartet, analog zu unserem Beispiel mit den Rosinen im aufgehenden Hefekuchen.

Als Hubble mir seine Daten zeigte, war ich sofort überzeugt, daß er recht hatte. Das Universum expandiert: Ich hatte also bereits im Jahre 1915 mit meinen Gleichungen der Allgemeinen Relativitätstheorie den Schlüssel zum Verständnis der kosmischen Dynamik in Händen, nur machte ich keinen Gebrauch davon. So kam es, daß Friedmann die richtige Lösung fand, ohne allerdings je zu erfahren, daß die Dynamik unseres Universums tatsächlich durch seinen Ansatz beschrieben wird, denn er starb bereits im Alter von 37 Jahren.

Ohne die Arbeiten Friedmanns zu kennen, leitete der belgische Astrophysiker Abbé Georges Lemaître die Friedmannschen Modelle im Jahre 1927 nochmals ab. Lemaître betonte insbesondere die einfache Beziehung zwischen den Fluchtgeschwindigkeiten der Galaxien und der Entfernung, auf die sich Hubble stützte.

An jenem Tag erfaßte mich eine seltsame Beklommenheit. Ich hatte die Gleichungen der Gravitation aus einfachen Prinzipien und alltäglichen Erfahrungstatsachen abgeleitet, ohne technische Hilfsmittel außer Papier und Bleistift. Plötzlich mußte ich angesichts des mächtigen Teleskops erkennen, daß diese Gleichungen, die ja weiter nichts sind als Erfindungen unseres Geistes, tatsächlich die Dynamik des ganzen Universums zu beschreiben vermögen. Mir kam es so vor, als hätten Hubble und ich die einmalige Gelegenheit gehabt, dem Alten über die Schulter zu schauen und einen Blick auf den Bauplan unseres Universums zu werfen.

Newton: Ich beneide Sie, Mr. Einstein. Es ist und bleibt ein Wunder. Wir erfinden Theorien und Begriffe durch Nachdenken und intuitives Erfassen der Prinzipien der Natur und stellen anschließend fest, daß man damit in der Lage ist, die Dynamik des Kosmos nicht nur in unserem Sonnensystem, sondern weitab in den fernsten Gegenden des Universums zu beschreiben. Zwar ist die Materie ungeheuer vielfältig in ihren Erscheinungsformen, aber die grundlegende Architektur des Kosmos muß letztlich einfach sein und offensichtlich universell für den gesamten Kosmos.

Einstein: Das Einfache, das so schwer zu machen ist, wie Bertolt Brecht mir sagte, als ich einmal in Berlin mit ihm über meine Arbeit sprach.

Newton: Durch die Messung der Fluchtgeschwindigkeiten war Hubble also in der Lage, die Expansionsrate des Raumes zu bestimmen. Wie groß ist diese? Nehmen wir einmal an, ich betrachte im intergalaktischen Raum eine bestimmte Strecke, die, sagen wir, so groß sein soll wie der Abstand zwischen London und Berlin, also etwa 1000 km. Wie verändert sich diese Strecke in einem Jahr?

Haller: Der exakte Wert ist bis heute nicht bekannt, jedenfalls höchstens mit etwa 30% Genauigkeit, aber die ungefähre Größenordnung kann ich angeben: Jede kosmische Distanz vergrößert sich in einer Milliarde Jahren um etwa 10%. Die Galaxien, die heute auseinanderstreben, waren also vor etwa 10 Milliarden Jahren eng benachbart. Die Größenordnung des Zeitraums der Expansion, den wir einmal als Weltalter bezeichnen wollen, ist also 10 Milliarden Jahre, wobei ich allerdings betonen möchte, daß es sich nur um die Größenordnung handelt, nicht um das exakte Alter. Dieses liegt vermutlich im Bereich zwischen 9 und 16 Milliarden Jahren.

In einem Jahr vergrößert sich also eine kosmische Distanz um einen Bruchteil von 10^{-10}. Wenn ich eine Länge wie die zwischen London und Berlin betrachte, so handelt es sich um 0,1 mm pro Jahr.

Die Expansionsrate des Universums, die man heute mißt, kann man in Kilometern pro Sekunde pro einer Million Lichtjahre oder pro Parsec angegeben – ein Parsec entspricht 3,26 Lichtjahren. Der von den meisten Astronomen akzeptierte Wert liegt bei etwa 15 km/s je Million Lichtjahre oder 50 km/s je Parsec. Die Endpunkte einer Strecke von einer Million Lichtjahre fliegen also mit einer Geschwindigkeit von 15 km/s auseinander. Ist die Strecke größer, vergrößert sich die Geschwindigkeit entsprechend. Eine Galaxie, die von der Erde 100 Millionen Lichtjahre entfernt ist, flieht also mit einer Geschwindigkeit von $100 \cdot 15 = 1500$ km/s von der Erde weg.

Einstein: Bei kleinen Abständen gilt das Hubble-Gesetz der Expansion nicht, da dann die Expansionsgeschwindigkeit durch allerlei lokale Geschwindigkeiten überlagert wird. Die Andromeda-Galaxie, die der unseren am nächsten gelegene Galaxie, ist zwei Millionen Lichtjahre entfernt. Nach Hubbles Gesetz müßte sie sich also mit 30 km/s von der Erde wegbewegen. Tatsächlich bewegt sich die Galaxie auf unsere Galaxie zu – eine Folge der Gravitation zwischen den beiden Galaxien.

Haller: Dasselbe gilt für die Galaxien in den großen galaktischen Haufen. Innerhalb eines Haufens gibt es keine kosmische Expansion, da die im Haufen herrschende Gravitation die Dynamik des Haufens dominiert. Bei Distanzen über etwa 50 Millionen Lichtjahre kann man jedoch von einer gleichmäßigen Expansion reden. Sie ist heute ein allgemein akzeptiertes Phänomen.

Bei den sehr weit entfernten Galaxien ist es nicht möglich, eine zuverlässige Entfernungsmessung durchzuführen. Deshalb benutzt man die Rotverschiebung, um die Abstände zu erhalten. Auf diese Weise kann man die Entfernung zu den fernen Quasaren bestimmen, die einige Milliarden Lichtjahre von der Erde entfernt sind.

Ich möchte noch kurz erwähnen, daß die Bestimmung der Expansionsrate eine geradezu abenteuerliche Geschichte hat. Hubble bestimmte ursprünglich eine Expansionsrate, nach der das Weltalter etwa 2 Milliarden Jahre betrug. Da bereits unsere Erde älter als zwei Milliarden Jahre ist, war dies nicht akzeptabel – der Kosmos kann schwerlich jünger als seine Kinder sein. In den fünfziger Jahren fanden Hubbles Mitarbeiter Walter Baade und Allan Sandage, daß Hubbles Bestimmungen der Entfernungen um einen Faktor von etwa 10 nach oben korrigiert werden mußten. Ein entscheidender Fortschritt ergab sich insbesondere durch die Messungen von Sandage mit Hilfe des im Jahre 1948 errichteten Observatoriums auf dem Mount Palomar. Trotzdem ist auch heute die genaue Expansionsrate nicht bekannt, die Unsicherheit dürfte etwa bei einem Faktor 1,5 liegen. Es ist zu erwarten, daß sich in absehbarer Zeit ein genauerer Wert mit Hilfe des Anfang der neunziger Jahre gestarteten Hubble-Weltraum-Teleskops ermitteln läßt. So ist es wahrscheinlich, daß etwa zu Beginn des neuen Jahrtausends die Expansionsrate bis auf etwa 10 % genau bekannt sein wird.

Einstein: Wenn Sie von Expansionsrate sprechen, dann meinen Sie die Rate der Expansion zum heutigen Zeitpunkt, also etwa 10 bis 15 Milliarden Jahre nach ihrem Beginn. Nun wissen wir aber, daß entsprechend den Friedmannschen Modellen die Expansion im Laufe der Zeit abnimmt. Die Expansionsrate ist also keine feste Zahl, sondern hängt von der Zeit ab. Im Prinzip könnte man diese Verzögerung der Expansion messen, wenn man die Rotverschiebungen der fernen Galaxien genau mißt, denn wenn wir eine Galaxie heute beobachten, sehen wir die Galaxie, wie sie vor langer

Zeit aussah, als das Licht, das heute in das Fernrohr eintritt, die Galaxie verließ und sie noch eine größere Geschwindigkeit hatte. Hat man diesen Effekt der kosmischen Verzögerung beobachtet?

Haller: Was Sie sagen, stimmt zwar, jedoch ist die Verzögerung auf die von Ihnen geschilderte Weise nur dann genau zu messen, wenn man auch die Entfernung genau kennt, und damit sieht es, wie wir wissen, nicht sehr gut aus. Jedenfalls konnte man eine Verzögerung der Expansion bis heute nicht nachweisen; wenn überhaupt, dann nimmt die Expansion nur langsam ab. Auf Grundlage der Friedmannschen Modelle erwartet man dies übrigens. Deshalb sind die Astronomen keineswegs beunruhigt, daß man bis heute nichts beobachtet hat.

Newton: Wenn man die Verzögerung kennen würde, könnte man feststellen, wieviel Materie im Kosmos pro Volumeneinheit vorhanden ist, denn diese bestimmt aufgrund der Gravitation die Verzögerung der sich entfernenden Galaxien. Wir können jedoch auch anders vorgehen und fragen, wieviel Materie nötig ist, um dahin zu kommen, daß der Kosmos in sich geschlossen ist. Wieviel Materie müßte es denn geben, damit der Kosmos gerade den Grenzfall zwischen einem in sich geschlossenen und einem offenen Weltall erreicht?

Haller: Im Grenzfall wäre der Raum euklidisch, also ohne Krümmung. Der genaue Wert der mittleren Materiedichte hängt von der Expansionsrate ab. Nehmen wir an, diese sei, wie oben erwähnt, 15 km/s pro eine Million Lichtjahre. Dann ist die Materiedichte, die nötig wäre, um einen expandierenden Raum ohne Krümmung zu haben, $4{,}5 \cdot 10^{-30}\,\mathrm{g/cm^3}$: Das sind etwa 3 Wasserstoffatome pro Kubikmeter. Man nennt diese die kritische Massendichte. Ist die kosmische Massendichte geringer, ist der Weltraum offen. Übersteigt sie diese, ist der Weltraum in sich geschlossen.

Einstein: Was weiß man heute über die Massendichte, die im Kosmos wirklich vorhanden ist?

Haller: Das Verhältnis von Massendichte zu kritischer Dichte bezeichnet man mit dem griechischen Buchstaben Ω. Wenn man die luminöse Materie, also die scheinenden Sterne und leuchtenden Gaswolken, im Weltraum homogen verteilt, erhält man längst nicht die kritische Dichte, sondern nur einen Bruchteil davon: Ω liegt in der Größenordnung von einigen Prozent.

Newton: Es sieht also ganz danach aus, als wäre unser Kosmos offen, der Raum demnach unendlich. Leider ist Ω eine recht kleine Zahl – ich hätte es bevorzugt, wenn $\Omega = 1$ herausgekommen wäre, also genau der Grenzfall vorläge.

Einstein: Ich kann mir schon denken, was Ihnen daran so gefällt: Der Raum hätte dann keine Krümmung, sähe also aus wie der Raum der Newtonschen Mechanik. Aber danach sieht es ganz und gar nicht aus, Sir Isaac. Entsprechend dem, was Haller gerade sagte, liegt anscheinend ein offenes Weltall vor, eines mit negativer Krümmung.

Haller: Moment, nicht so schnell, Herr Einstein! Ich sprach davon, daß die luminöse Materie nicht ausreicht, um den Raum zu schließen. Es könnte jedoch sein, daß es neuartige Formen von Materie gibt, die nicht in Gestalt von leuchtender Sternmaterie vorliegen, sondern dunkel und damit nur durch ihre Gravitationswirkungen erkennbar sind. Ein Beispiel hierfür haben wir schon kennengelernt, die Schwarzen Löcher. Allerdings kann man sich überlegen, daß Schwarze Löcher, die sich durch Zusammenballungen von Sternmaterie gebildet haben, nicht sehr viel zur kosmischen Massendichte beitragen können. Jedenfalls kann man mit ihnen nicht den Fall $\Omega = 1$ erreichen.

Einstein: Wir sprachen früher schon davon, daß Fritz Zwicky am Caltech Anzeichen von gravitativ wirksamer, aber nicht luminöser Materie in den galaktischen Haufen fand, sozusagen fehlende Materie. Könnte es sein, daß diese Materie, was immer es ist, so viel beiträgt, daß $\Omega = 1$ wird?

Haller: Nach den heute vorliegenden Erkenntnissen trägt die dunkle Materie, von der man nicht weiß, woraus sie hauptsächlich besteht, etwa zehnmal soviel zur kosmischen Materie bei wie die normale Sternmaterie.

Newton: Unglaublich – das bedeutet, daß die gravitative Dynamik der Galaxien und galaktischen Haufen völlig durch die dunkle Materie bestimmt wird. Die Materie, die wir in Gestalt von Sternen sehen, ist damit nur eine kleine Zugabe zu den dunklen Materiewolken, wie das Gewürz in der Suppe, das zwar auffällig schmeckt, aber zur Substanz fast nichts beiträgt.

Haller: Es gibt zudem indirekte Hinweise, daß die dunkle Materie nicht aus Atomen besteht, sondern aus anderen Objekten, möglicherweise Neutrinoteilchen, also den neutralen Verwandten des Elektrons, die ich bereits in meinem Berliner Vortrag erwähnte, oder aus völlig neuartigen Teilchen. Der Phantasie der Teilchenphysiker sind hier keine Grenzen gesetzt.

Jedenfalls ist die Suche nach diesen Teilchen in vollem Gang. Die Klärung des Problems der dunklen Materie ist eines der brennendsten Probleme der heutigen Physik und Astrophysik. Vom Anteil der dunklen Materie hängt es also ab, ob die Expansion unseres Kosmos auf immer fortschreitet oder irgendwann zum Halten kommt und ob der Kosmos unendlich oder endlich groß ist.

Einstein: Welch eine Ironie – eine neue Kopernikanische Wende scheint sich da anzubahnen. Kopernikus fand heraus, daß nicht die Erde, sondern die Sonne das Zentrum der Welt darstellt. Als nächstes erweiterten die Astronomen den Weltraum, als sich herausstellte, daß Giordano Bruno recht hatte und die Sonne nur einer von hundert Milliarden Sternen in der Galaxie ist. Dann kam Hubble, und unsere Galaxie wurde zum einfachen Soldaten einer ganzen Armee von Galaxien degradiert. Und jetzt stellt es sich heraus, daß die Materie im Kosmos vornehmlich aus Komponenten besteht, die nichts oder nur wenig mit der normalen Materie zu tun haben, aus der die Sterne, unser Planet und wir selbst bestehen, also mit Atomkernen und Elektronen. Wir, die wir aus diesen unbedeutenden Teilchen bestehen, haben also allen Grund, bescheiden zu sein.

Newton: Ich würde es jedenfalls vorziehen, wenn der Massendichtefaktor Ω gleich eins wäre. Mit der Krümmung des Raumes bräuchten wir uns dann nicht abzugeben. Eins scheint mir die einzig vernünftige Zahl zu sein, denn wäre Ω kleiner als eins, fragt man sich, warum kleiner als eins und warum gerade so groß und nicht kleiner. Es ist schon erstaunlich, daß man herausfindet, daß Ω überhaupt in der Nähe von eins liegt und nicht ein Millionstel oder zehntausend. Das kann doch kein Zufall sein. Ich plädiere jedenfalls dafür, daß wir den Fall $\Omega = 1$ näher betrachten sollten.

Haller: Ich verspreche Ihnen, Mr. Newton, daß wir bald auf diese Möglichkeit zurückkommen werden. Nur wäre ein wenig Bewegung jetzt gut, und ich plädiere dafür, daß wir unser Gespräch auf einem Spaziergang durch den Wald fortsetzen.

Jacob Liberman

Der blinde Fleck

Die Beiträge von Babbitt, Finsen, Dinshah und Spitler bildeten eine Basis, auf der eine äußerst erfolgreiche Wissenschaft der nichtinvasiven Lichttherapie hätte entstehen können. Gegen Ende der dreißiger Jahre jedoch, als das College of Syntonic Optometry gerade die ersten Erfolge verzeichnen konnte, ließ eine unvorhersehbare Wendung die Lichttherapie für viele Jahre von der Bildfläche verschwinden. Gerhard Domagk, ein deutscher Biochemiker, erhielt den Nobelpreis für die erfolgreiche Behandlung bakterieller Infektionen mit Sulfanilamid. Die Entdeckung dieser neuen medizinischen Wunderwaffe war der Beginn einer Ära der pharmakologischen Vorherrschaft, die die großartigen nichtinvasiven Therapiemöglichkeiten, die in den hundert Jahren zuvor entdeckt wurden, in Vergessenheit geraten ließ. Die Lichttherapie, vor kurzem noch für ihre »Wunderheilungen« gepriesen, galt plötzlich als »Hexerei«. Es ist sehr bedauerlich, daß wir nicht schon damals erkannten: Unser Lebensstil und nicht Bakterien sind die Ursache der meisten Krankheiten. Die antibakterielle Kriegführung ist nichts anderes als ein Krieg, den wir gegen uns selbst führen, denn mit vielen Bakterien leben wir normalerweise problemlos zusammen. Nur wenn wir selbst aus dem Gleichgewicht geraten, tragen sie zur Entwicklung von Krankheiten bei. Zum Beispiel leben normalerweise etwa 15 verschiedene Bakterienarten in der Tränenflüssigkeit des menschlichen Auges, ohne uns die geringsten Beschwerden zu bereiten, falls nicht irgendein äußerer Einfluß ein Ungleichgewicht in der Tränenflüssigkeit erzeugt.

Betrachtet man die Angelegenheit aus einer anderen Perspektive, könnte man sagen, daß wir all das stark machen, dem wir Beachtung – egal, ob positiver oder negativer Art – schenken. Jede Form der Aufmerksamkeit, die auf eine Sache verwendet wird, führt zu einer übertriebenen Vergrößerung dieser Sache, so wie Dünger eine Pflanze wachsen läßt. Wenn ein Mensch ständig einen Schwächeren tyrannisiert, wird irgendwann der Schwächere stärker werden und zurückschlagen.

Genauso reagieren auch die Bakterien. Als Reaktion auf die Bekämpfung mit Antibiotika werden sie stärker, nach und nach resistent und entwickeln sich schließlich zu neuen Stämmen, die wir nicht einmal mehr identifizieren, geschweige denn erfolgreich bekämpfen können. Der beste Beweis für diesen Mechanismus sind die vielen resistenten Bakterienstämme und die hochentwickelten Viren, die seit Domagks Erfindung im Jahr 1939 entstanden sind. Vielleicht sollten wir auch hier eher in unserem Inneren als in der Außenwelt nach den Ursachen für die Beschwernisse des Lebens suchen.

Es war klar: Die Lichttherapie konnte nur überleben, wenn ihre therapeutische Bedeutung durch weitere Beweise untermauert wurde. 1936 präsentierte Dr. T. A. Brombach, ein bekannter Sehforscher, neue Erkenntnisse, aus denen schließlich ein wichtiges Diagnose- und Prognose-Instrument der Syntonics-Methode entwickelt werden sollte. Brombachs Ergebnisse ließen vermuten, daß bei 69 Prozent aller Kinder mit Leseschwächen eine Vergrößerung des im Augenhintergrund beginnenden Teils des Nervus opticus nachweisbar ist. Dieser Zustand gilt allgemein als pathologisch und wird zutreffenderweise als Vergrößerung des »blinden Flecks« bezeichnet, da der betroffene Teil des Nervus opticus keine visuelle Funktion hat. Brombach hielt diesen Zustand nicht für pathologisch, glaubte aber, daß die Entwicklung einer optimalen Seh- und Lesefähigkeit dadurch behindert würde.

Brombachs Befunde erhielten Bestätigung durch die Resultate von drei Untersuchungen, die Thomas Eames von der Universität Boston veröffentlichte. Er fand heraus, daß

1. bei 9 Prozent der untersuchten Schulkinder das Sehfeld eingeschränkt war und daß wiederum 83 Prozent von diesen 9 Prozent in einem oder mehreren Schulfächern schlecht mitkamen;
2. Einschränkungen des Sehfelds die Geschwindigkeit der visuellen Wahrnehmung signifikant begrenzen; und daß
3. Kinder mit Lernschwierigkeiten regelmäßig kleinere Sehfelder hatten als Kinder ohne Lernschwierigkeiten.

Die Erkenntnisse von Brombach und Eames haben sehr viel miteinander zu tun, denn mittlerweile ist bekannt, daß eine Beschränkung des Sehfelds häufig mit einer Vergrößerung des »blinden Flecks« einhergeht. Heute sieht man diese beiden Symptome im Zusammenhang mit pathologischen Veränderungen von Auge und/oder Gehirn, Schädeltrauma, hohem Fieber, Vergiftungen bzw. den daraus resultierenden psychologischen Störungen. Deshalb ist es hochinteressant, daß weder Brombach noch Eames diese Augenstörungen als krankhaft, sondern eher als funktionelle Störungen bezeichneten. Eames hat vermutlich den visuellen Anteil einer allgemeineren physiologischen Beschränkung dokumentiert. Schwer zu sagen, ob die Sehfeldbeschränkungen bei diesen Kindern durch Schulstreß erzeugt wurden – oder umgekehrt. Aus eigener Erfahrung kann ich sagen, daß Menschen zu physiologischen, emotionalen, wahrnehmungsmäßigen und funktionellen Einschränkungen neigen, wenn sie unter Streß stehen. Auch Virginia I. Shipman bestätigt in einem Aufsatz, den sie der Eastern Psychological Association vorlegte, daß unter Streß eine Einschränkung der menschlichen Wahrnehmungsfelder zu beobachten ist, so daß die Betroffenen »weniger beobachten, weniger sehen, weniger behalten, weniger lernen und im allgemeinen weniger leistungsfähig werden«.

Um die Bedeutung dieser Erkenntnisse richtig einschätzen zu können, müssen wir die Rolle der Sehfelder im Alltagsleben verstehen. Das Sehfeld eines Menschen ist dadurch bestimmt, wie weit er beim Geradeausblicken auch Dinge am Rande wahrnimmt. Der Gesamtumfang dieses visuellen Bereichs – links, rechts, oben, unten und geradeaus – wird als Sehfeld bezeichnet. Traditionell dient das periphere Sehfeld eher der Wahrnehmung von Bewegungen als von Details. Außerdem ermittelt es ständig Daten, die dem Auge sagen, wie weit es sich bewegen muß, um vom aktuellen Objekt seines Interesses auf den nächsten Gegenstand überzuwechseln.

Unser Sehfeld entscheidet darüber, wieviel von der Welt der visuellen Wahrnehmung dem Gehirn zugänglich wird. Meines Erachtens sagt das Sehfeld aber noch mehr aus: nämlich wie groß der tatsächlich tätige Teil des Gehirns ist. Das Sehfeld läßt sich mit den Wurzeln eines Baumes vergleichen. So wie Länge und Zahl der Wurzeln eines Baumes direkt mit dessen Stabilität zusammenhängen, so hängt unsere haltungsmäßige, emotionale und physiologische Stabilität vom Umfang des Sehfelds ab. Beschneidet man die Ausläufer der Wurzeln eines Baumes, wird seine Stabilität mehr und mehr reduziert, und schließlich kippt er um. Ganz ähnlich funktionieren auch wir Menschen. Wird unser Sehfeld als Folge von körperlichem oder emotionalem Streß immer enger, so nehmen wir weniger und weniger wahr und betrachten die Welt schließlich wie »durch ein Loch«, anstatt sie in ihrer Ganzheit wahrzunehmen.

Diese Auswirkung von Streß auf das Sehvermögen wurde kürzlich durch Studien von Dr. Mark Anderson vom Beloit College und von Dr. Jean Williams von der Universität von Arizona bestätigt. Sie stellten fest, daß Streß einen direkten Einfluß auf das periphere Sehfeld hat und die Menge des Gesehenen reduziert. Je größer der Streß, so die Ergebnisse der beiden Forscher, desto größer auch die Wahrscheinlichkeit, daß das Sehfeld eines Menschen sich verengt, wenn er eine visuell anspruchsvolle Aufgabe bewältigen soll. Anderson und Williams spekulieren weiter, daß das Problem sich noch verschlimmern kann, wenn jemand allgemein im Leben schlecht zurechtkommt, sich zu wenig Ruhe gönnt oder sich falsch ernährt.

Schulisches Lernen im allgemeinen und Lesen im besonderen scheinen die höchsten Anforderungen an unsere visuellen Fähigkeiten zu stellen und gleichzeitig mit dem stärksten Streß verbunden zu sein. In den Vereinigten Staaten zum Beispiel hat die Kurzsichtigkeit epidemische Ausmaße angenommen. Diese Verschlechterung des Augenlichts beginnt normalerweise, kurz nachdem die Kinder in die Schule kommen, und wird in Kulturen, die weniger Wert auf »höhere Bildung« und Lesen legen, kaum beobachtet. 1975 waren 88 Prozent aller examinierten Studenten in den USA und etwa 45 Prozent der Gesamtbevölkerung kurzsichtig! Könnte das der Grund dafür sein, daß Brombach und Eames bei Kindern mit Leseschwäche und anderen schulischen Problemen so häufig Unregelmäßigkeiten im Sehfeld beobachteten? Möglicherweise verengt Streß das Sehfeld und ist insofern für die Reduktion der Informationsverarbeitung und einen Rückgang der Lernfähigkeit verantwortlich. 1931 erschien im *Popular Science Monthly* ein Artikel mit dem Titel »Noise Causes Bad Eyes« (»Schlechte Augen durch Lärm«), der ebenfalls die Beziehung zwischen Streß, Sehproblemen und Sehfeldbeschränkungen betont:

»Möglicherweise können Stadtbewohner wegen des Straßenlärms schlechter sehen als Landbewohner. Neuere Forschungen der russischen Wissenschaftler Professor P. P. Lazarev und Dr. L. Kuper ergaben, daß großer Lärm bei vielen Menschen das Sehfeld verengt. Ein Grund dafür, daß so viele Stadtbewohner beim Lesen eine Brille tragen müssen, könnte die Tatsache sein, daß sie jeden Tag in lauten U- und S-Bahnen zur Arbeit fahren.«

Yehudi Menuhin
Gebet

An Dich, den ich nicht kenne noch erkennen kann – der in mir ist und jenseits von mir – an den mich Liebe, Furcht und Glaube binden – an den Einen und Mannigfaltigen –, richte ich dieses Gebet:

Führe mich zu meinem besseren Ich – hilf mir, ein Mensch zu werden, dem alles Lebende Vertrauen schenkt, Tiere und Pflanzen, auch die Luft, das Wasser, die Erde und das Licht, die diese alle am Leben erhalten, bewahre mich als einen, der Geheimnis und Eigenart des vielfältigen Lebens in seinen einmaligen Erscheinungsformen und in seiner Gesamtheit achtet, ist doch alles Leben Urgrund des eigenen Überlebens.

Hilf mir, meine Fähigkeit zum Staunen, zur Begeisterung und Entdeckerfreude zu bewahren, gewähre mir, überall den Sinn für das Schöne zu wecken und mit anderen und für andere wie auch für mich selbst beizutragen zur Gesamtheit des Schönen, das wir sehen, hören, riechen, schmecken und tasten oder dessen wir auf andere Weise mit Geist und Seele bewußt werden; hilf mir, nie die lebensspendende Kraft zu verlieren, alles zu schützen, was atmet und hungert und dürstet; alles, was leidet.

Hilf mir, ein Gleichgewicht zu finden zwischen langfristigem Lohn und kurzfristiger Freude, während ich im Einklang bin mit den jeweiligen Werten und die dahinströmende Zeit geduldig die reiche Ernte der Bindungen, der Erfahrung, Erfüllung, Unterstützung und Anregung einbringen lasse.

Hilf mir, ein guter Sachwalter des Körpers zu sein, den Du mir gegeben hast. Es steht mir nicht zu, mit irgendeinem Leben nach meinem Belieben zu verfahren, nicht einmal mit meinem eigenen, ist es doch wie etwas, das meiner zeitweiligen Obhut anvertraut ist, damit ich es im bestmöglichen Zustand dem irdischen Kreislauf überantworte, auf daß anderes Leben fortdauere.

Also geschehe Dein Wille.

Die mich überleben, sollen nicht trauern, sondern fortfahren, zu anderen so hilfreich, gütig und weise zu sein, wie sie es zu mir waren. Auch wenn ich wünsche, ich könnte noch etliche Jahre die Früchte meines glücklichen und reichen Lebens mit meiner innig geliebten Frau, meiner Familie, der Musik, meinen Freunden, der Literatur und vielen Unternehmungen in dieser Welt der verschiedenen Kulturen und Völker genießen, so habe ich doch bereits so viele Wohltaten, so viel Zuneigung und Unterstützung erfahren, daß sie für tausend Leben genügten.

Gewähre mir, die Einheit in der Dreiheit in all ihren Erscheinungsformen zu sehen und zu fühlen, zu bedenken und zu verstehen:
- Geburt, Leben und Tod
- Schöpfung, Bewahrung und Zerstörung
- Mutter, Vater und Kind
- für das Kind: Mutter, Vater und Lehrer
- für die Eltern und Lehrer: Kind, Schüler und Gleicher
- Vergangenheit, Gegenwart und Zukunft
- Leib, Geist und Seele
- das Ich, die Familie und die Freunde
- Liebe, Gleichgültigkeit und Haß
- Geschick, Kunstfertigkeit und Kunst
- Festkörper, Flüssigkeiten und Gas
- Licht, Wärme und Klang
- Zeit, Raum und Subjekt
- Region, Staat und Staatengemeinschaft
- sowie viele andere Dreiheiten.

Hilf mir, bei allen Herausforderungen den »Trialog« und nicht den »Dialog« zu sehen. Hilf mir, weise über den Anteil an Freude und Schmerz zu entscheiden, über den zu verfügen mir zusteht.

Und gewähre mir schließlich – und ich bitte Dich, mich dabei vor Zorn und Verdammnis zu bewahren, mich selbst vor denen anderer und andere vor meinen –, ungestraft meine besonderen Abneigungen zum Ausdruck zu bringen:

Gegen jene, die zur Erlangung oder zum Mißbrauch von Macht oder Reichtum oder Überfluß – da ihnen die Fähigkeit zu einer höheren Stufe der Zufriedenheit mangelt – andere ausbeuten oder verderben, vom kleinlichen Bürokraten bis zum Ignoranten und von Vorurteilen Bestimmten; hilf ihnen, den Irrtum ihrer Lebensweise zu erkennen und Dir zu bekennen.

Erleuchte sie und mich und hilf uns, einander zu vergeben.

Hilf mir auch, bei den Feinden, die ich möglicherweise habe, zu unterscheiden zwischen jenen, die ich mir versöhnen kann, und jenen, bei denen dies nicht möglich ist; gib mir den Mut zu dem Versuch, erstere zu verstehen und die anderen daran zu hindern, mir zu schaden, von beiden zu lernen und mir keinen mit Absicht zum Feind zu machen.

Gewähre mir die Erleuchtung, zu der Du die Menschheit befähigt hast, und leite mich an, jene beispielhaften Menschen zu verehren und ihnen nachzueifern, die Deinen Geist in sich tragen – den Geist, der in uns allen und jenseits unser aller ist – den Geist des Einen und Mannigfaltigen –, die Erleuchtung Christi, Buddhas, Laotses und der Propheten, Weisen, Philosophen, Dichter, Schriftsteller, Maler, Bildhauer, aller Schaffenden und Künstler und aller Selbstlosen, der Heiligen und der Mütter, der Bekannten und der Unbekannten, der Hohen und der Niedrigen, Männer – Frauen – Kinder, zu allen Zeiten und an allen Orten, deren Geist und Vorbild für immer bei uns und in uns bleiben mögen.

Jacob Needleman

Brief an einen großen Arzt

Lieber Doktor –

Ich sehe Sie heute, wie ich Dich sah, als ich noch sehr klein war. Irgend etwas geschieht da mit mir, und ich bin erschrocken, verängstigt. Ich empfinde Schmerz und lähmende Müdigkeit. Ich kann nicht klar denken, und ich weiß nicht, was ich bin oder was mein Körper da mit mir macht.

Dann betrittst Du mein Zimmer. Ich habe noch Deine Stimme im Ohr, ruhig und kraftvoll. Nie war bei uns zu Hause eine Stimme so ruhig, so frei von Aufregung. Augenblicklich spüre ich, wie es in mir still wird, wie etwas sich öffnet und losläßt. Neben der Furcht und dem Selbstmitleid ist jetzt etwas in mir, das gar keine Angst hat. Urplötzlich bin ich zweierlei, verängstigtes Kind und aufmerksame Geistesgegenwart.

Du nimmst meine Hand. Ich erinnere mich an den Druck Deiner Finger um mein Handgelenk. Ich erinnere mich an Deinen Blick. Niemand sonst hat mich je so angesehen. Was sahst Du da? Weshalb gab Dein Blick mir das Gefühl, in der Welt der Menschen und nicht der Kinder zu sein?

Jetzt untersuchst Du meinen Körper – Mund, Augen, Brust. Du drehst mich zur Seite und legst das kalte Stethoskop an meinen Rücken. Was gibt es da zu hören? Du drehst mich wieder zurück und schiebst die Decke hinunter. Es überrascht mich, daß mir das nicht unangenehm ist. Ich beobachte Dein Gesicht, während Du tastest und drückst, mal fest, mal sanft, mal scharf. Wenn Du mir weh tust, lasse ich es hören, aber ohne Zorn oder Wehklagen. Bei keinem anderen Menschen reagiere ich so auf Schmerz als etwas ausschließlich Körperliches – ohne Emotion. Sonst löst Schmerz immer Gefühle aus, selbst wenn ich mit mir allein bin. Aber jetzt bin ich nur wache Geistesgegenwart und Körper. Das verstörte Kind ist verschwunden, weil seine Ängste keine Nahrung erhalten.

In Deinem Gesicht ist nichts als Aufmerksamkeit und Lauschen. Wie mir dieses Gesicht noch gegenwärtig ist! Niemand hat mich oder meinen Körper je mit solch einem Ausdruck betrachtet.

Du vertrautest der Kraft dieses Lauschens, Deiner Aufmerksamkeit. Dein Vertrauen setzte in unserem Haus und in mir etwas in Gang, eine Bewegung hin zu einer neuen Ordnung. – Ich weiß inzwischen, daß es das war, was Sie bewog, sich der Medizin zu widmen, auch wenn es Ihnen selbst nicht bewußt war. In diesem Gesicht, so voller Lauschen, war etwas von der Art des Göttlichen, etwas, das ich heute Liebe nennen kann. Aber niemand nennt es heute Liebe. Was für törichte Namen die Menschen dafür haben! Wir haben es damals auch nicht Liebe genannt. Wir kannten nichts anderes als Ehrfurcht vor der Rolle des Arztes, denn ganz in der Tiefe ahnten wir manchmal das Geheimnis, dieses Vertrauen auf die vollkommene Aufmerksamkeit – das einzige im Menschen, das Leben und Tod begegnen kann, ohne zurückzuschrecken.

Du ziehst die Decke wieder hoch und stehst über mir. Sanft gibst Du mich der Welt der Kinder und der gewöhnlichen Zeit zurück. Du machst eine scherzhafte Bemerkung und gibst mir ein Bonbon. Neben Dir taucht meine Mutter auf. Du redest mit ihr über mich und sagst ihr, was zu geschehen hat. Sie schaut mich immer wieder besorgt an. Ich lasse ihre Besorgnis auf mich übergehen, doch nur bis hin zu jener leuchtenden Grenze in mir, jenseits derer ich fern von Befürchtungen und Wünschen bin. Bevor Du Dich zum Gehen wendest, siehst Du mich noch einmal an. Ich gebe Dir das stumme Versprechen: »Ich werde nicht zulassen, daß etwas diese Grenze in mir überschreitet.« Dann überlasse ich diesen Körper meiner Mutter und ihren liebevollen Handreichungen.

Bedarf es noch weiterer Bilder von dem, was Sie vor gar nicht so langer Zeit waren? Ich möchte, daß Sie wiederkommen. Wir alle wünschen es uns. Wir träumen davon.

Ich sehe förmlich, wie Sie nachsichtig lächeln, während ich dies schreibe. Aber warten Sie, hören Sie mich erst zu Ende an. Haben Sie nicht selbst vergessen, wofür Sie im Leben der Menschen einmal standen? Vielleicht haben Sie es auch nie so ganz gewußt – wie sollten Sie auch? Sie sind, wie wir alle, ein Produkt dieser Zeit. Wie könnten Sie wissen, daß in Ihrer Rolle einer der letzten Überreste des Heiligen in unserer Zeit lag? (Vorsichtshalber möchte ich beim Imperfekt bleiben; er soll vielleicht zart andeuten, daß die Reste inzwischen auch erledigt sind.) Ich sage nicht des »Religiösen«; ich sage des Heiligen. Lassen Sie mich an einem Beispiel erklären, wie ich das meine.

Erinnern Sie sich, wie das war, als mein Großvater starb? Sie hatten ihn schon jahrelang wegen Diabetes und Herzschwäche in Behandlung gehabt; dann verschlimmerte sich sein Zustand, so daß er bettlägerig wurde. Sie waren ihm wohl ebenso zugetan wie wir anderen. Sie kamen manchmal bei uns vorbei, auch ohne gerufen worden zu sein, einfach nur der Warmherzigkeit meiner Großeltern wegen. Ich erinnere mich an einen Passah-Seder, zu dem Sie unser Gast waren; alle meine Verwandten waren da, und jeder hatte ausgiebig dem süßen Wein zugesprochen. Sie tranken auf meine Großeltern mit den Worten, Sie hätten noch nie eine so große Familie in so harmonischer Verbundenheit gesehen.

Am Morgen des Tages, an dem mein Großvater starb, hatten Sie ihn untersucht. Sie nahmen meine Mutter beiseite, um ihr zu sagen, man müsse auf das Schlimmste gefaßt sein. In kürzester Zeit fanden sich ihre Schwester – meine Tante – und sämtliche Onkel mit ihren Frauen bei uns ein und bildeten im Wohnzimmer eine düstere Versammlung. Meine Großmutter (die nur zwei Monate später ganz plötzlich verstarb) war bei meinem Großvater und wich nicht von seiner Seite.

Meine Mutter, meine Tante und alle Onkel gingen nacheinander nach oben in Großvaters Zimmer und kamen bald darauf mit tränenfeuchten Augen wieder herunter. Ich saß neben Ihnen auf der Couch. Ich weiß noch, daß ich auf keinen Fall da weg wollte, auch nicht, als mein Vater erschien.

Dann kam der Rabbi, ein alter Mann, den ich bisher nur in der Synagoge gesehen hatte. Auch er ging nach oben und hatte, als er wieder herunterkam, Tränen in den Augen. Als ich sah, daß sogar er weinte, zerbrach etwas in mir, und ich fing auch an zu weinen. Dann blickte ich zu Ihnen auf. Sie sahen mich an und sagten leise: »Du mußt auch zu ihm gehen, bevor er stirbt.«

Können Sie sich vorstellen, was diese Worte für mich bedeuteten? Ich war fünf, und dies sollte meine erste direkte Begegnung mit dem Tod werden. Ein Strudel von Gefühlen riß mich mit, doch Sie gaben mir das Gefühl, daß ich in all dem eine Verpflichtung hatte. Zum erstenmal begriff ich da, daß es so etwas wie objektive Pflicht gibt. Das hat einen unauslöschlichen Eindruck in mir hinterlassen. Alle anderen Anweisungen und Aufgaben waren in dieser Zeit immer von außen auferlegt, und ich habe – unbewußt natürlich – gegen sie rebelliert und mein Innerstes nicht von ihnen berühren lassen.

Aber was Sie da sagten, tönte auch irgendwie aus meiner eigenen Tiefe. Wieder – und es durchfuhr mich wie ein Stromschlag – war diese besondere Stille da, wieder fand ich mich in der Welt der Menschen, nicht der Kinder, und Ihren Worten zu folgen war eine Selbstverständlichkeit. Dort, innerhalb dieser Grenzlinie, gab es keine Furcht und kein Selbstmitleid, nur Kummer und ein Gefühl der Kraft, als ich die Treppe hinaufging.

Die Tür zum Zimmer meiner Großeltern stand offen, und dort, am anderen Ende des Flurs, sah ich meinen Großvater in seinem Bett liegen, von Kissen gestützt. Erst dachte ich, er lächle mir zu, aber als ich eintrat, sah ich, daß er nicht bei Bewußtsein war. Sein Gesicht war aschfahl unter den weißen Bartstoppeln. Es roch sehr schlecht in diesem Zimmer.

Meine Großmutter saß unter einem großen weißen Schultertuch regungslos auf einem Stuhl neben dem Bett. Ich ging zu ihr, trat neben sie. Die Zeit blieb stehen – ich fühlte mich wie in einer anderen Welt, einem anderen Land, in der Welt, aus der diese beiden Menschen, meine Großeltern, stammten. Ich dachte das Wort *Europa*, denn dort, so hatte meine Mutter mir erzählt, waren sie geboren. »So muß Europa sein«, dachte ich, als ich sie beide so sah. Ich ahnte, daß sie schon da gewesen waren, bevor meine Mutter geboren wurde, und lange, lange vor der Zeit, in der ich geboren wurde. Ich ahnte, daß es eine Zeit gegeben hatte, in der sie füreinander und nicht nur für uns gelebt hatten. Und jetzt waren sie wieder füreinander da. Ohne irgendwelche Bedenken kletterte ich auf das Bett und küßte das kratzige Gesicht meines Großvaters. Dann, wieder auf dem Boden stehend, sah ich meine Großmutter an. Sie wandte den Kopf nicht, aber ihr Blick begegnete meinem. Ich berührte sie leicht an der Schulter und empfand, die ganze Wirbelsäule hinunter, ein nie gekanntes Wärmegefühl.

Auf dem Weg zum Wohnzimmer hörte ich hebräischen Sprechgesang, und unten sah ich meine Eltern und die übrigen Verwandten mit gesenkten Köpfen um den Rabbi geschart. Ich war bestürzt über die hilflose Traurigkeit in diesen Stimmen, vor allem in der des Rabbi. Ich war nicht traurig. Im Gegenteil, ich war erfüllt von der schlichten Geradlinigkeit des Geschehens und empfand eine unermeßliche stille Freude.

Dieser Eindruck, als ich langsam die Treppe herunterkam, war einer jener Augenblicke, die sich unauslöschlich einprägen und die wir, falls überhaupt, erst viel später verstehen. Ich fühlte die Traurigkeit auf mich übergreifen, eine falsche Auslegung meiner tatsächlichen Verfassung sozusagen – falsch, aber doch machtvoll und verlockend.

Doch weil Sie da waren, kam es nicht dazu. Sie standen etwas abseits, sahen respektvoll zu, nahmen aber nicht teil. Als ich den Fuß der Treppe erreichte, entschied ich, daß ich mich neben Sie stellen würde, obgleich mein älterer Cousin, der inzwischen auch gekommen war und neben meiner Tante stand, mir winkte. Ich ging zu Ihnen und blieb neben Ihnen stehen, fühlte mich Ihnen und meinen Großeltern stärker verbunden.

Das, lieber Doktor, meine ich, wenn ich sage, daß Sie für das Heilige standen. Vielleicht finden Sie, daß ich mich nicht sehr klar ausgedrückt habe. Wir werden sehen, wir werden sehen. Haben Sie noch etwas Geduld.

Peter Wapnewski
»Erinnerndes Hören«

Wagner restauriert also nicht im Gefolge klassizistischer Griechenbegeisterung oder romantisch-historistischen Germanenschwärmens den Mythos der Alten. Sondern er benutzt dessen Elemente zur Errichtung seines eigenen Systems. Eines Systems, gebildet aus den Ideen einer sozialtheoretischen Utopie und einer schopenhauerisch getönten Lebenstriebverweigerung: aus dem Prinzip Hoffnung und dem Prinzip Verneinung. So wurde der »Ring des Nibelungen« zu einem einzigartigen Gebilde, kunstvoll gemacht aus politischer Vision, philosophischer Reflexion und theatralischem Pathos. Sein Element aber ist die Musik.

Wagners »Ring«-Orchester fordert eine bisher in der Oper unbekannte Massierung von Instrumenten und geht deutlich hinaus über die Besetzung seiner früheren, gleichzeitigen und späteren Werke (also des »Fliegenden Holländers« und des »Lohengrin«, von »Tristan und Isolde« und der »Meistersinger von Nürnberg« und schließlich des »Parsifal«). Der ungeübte Hörer setzt auf Grund dieses Aufwands Wagners Musik unreflektiert mit dominantem Fortissimo gleich und zählt staunend den Aufwand der sechzehn ersten, der sechzehn zweiten Violinen, der zwölf Bratschen und Celli, der acht Kontrabässe, der vier- (und mehr-)fach besetzten Blech- und Holzbläsergruppen und der sechs (!) Harfen. Ein Studium der Partitur aber erweist, was das Hören bestätigt: daß es nicht primär um die Klangstärke geht – wenngleich deren dramatische Wirkungswucht gewiß eines der virtuos genutzten theatralischen Mittel Wagners ist. Vielmehr ist Wagner das Genie schlechthin der Instrumentation des Opernorchesters, er, »der im Orchesterklang den irdischen Horizont streifte«, wie Ferruccio Busoni – gewiß kein Wagnerianer – empfunden hat. Mit anderen Worten: die unerhörte Vergrößerung des Instrumentariums – in welchem Bestreben ihm Carl Maria von Weber und vor allem Hector Berlioz voraufgingen – diente Wagner allererst zur Differenzierung der klanglichen Mittel, zur Erweiterung der tönenden Farbskala, zur Erzeugung einer reicheren Abstufung in der Textur des musikalischen Gewebes. So daß ihm nicht nur mächtigste Wirkung im grandiosen Fortissimo gelingt, sondern ebenso – oder mehr noch – im stimmungmalenden spröden Pianissimo – so etwa im grenzenlos traurigen Zauber der sogenannten Todverkündung (im II. Aufzug der »Walküre«). Überdies verlangte eigens für den »Ring« Wagner »eine Reihe von neuen Instrumententypen: eng mensurierte Tuben mit Waldhorn-Mundstück (die sog. ›Wagner-Tuben‹), Baßtrompete, Kontrabaß-Tuba und Kontrabaß-Posaunen« (Werner Breig im »Wagner-Handbuch«, S. 247).

Zur Sprache des Wagner-Orchesters, zu seinem Anteil am intendierten dramatischen Ausdruck, gehört die systematische Verwendung der sogenannten *Leitmotivtechnik*. Auch hier haben wiederum ein Klischee und seine unbedachte Tradierung sich als Mißverständnis vor das Verstehen von Wagners Ausdruckskunst gedrängt. Insofern als die Vorstellung um sich griff, man könne, wenn man sich nur einen bestimmten Grundstock von Leitmotiven und deren Bezeichnung einprägte, den gesamten Wunderbau durchschauen und analysieren. Als ob die Zuordnung einer »Erkennungsmelodie« zu einer Person, einem Ding oder einem Vorgang schon viel oder gar alles aussagte über das Wesen von Personen, Dingen und Vorgängen. Die Verfahrensweise Wagners ist in derart hohem Maße artistisch und artifiziell, daß man ihr nicht gerecht werden kann mit Hilfe eines Katalogs von melodischen Partikeln, deren Benennung überdies fragwürdig (und in der Mehrzahl dem Wagnerianer Hans von Wolzogen zu verdanken) ist. Wagner hat weder den Begriff erfunden, noch hat er die interpretierende Rezeption des »Leitmotivs« autorisiert, hat allenfalls den solchermaßen verfahrenden Umgang mit seinem Werk toleriert. Sein entscheidendes Wort zu diesem Komplex hat Cosima Wagners Tagebuch unter dem 1. August 1881 notiert: »Ich spiele mit Lusch 4händig aus der Götterdämmerung, R. sagt, es freue ihn das Werk. Leider kommen in dieser Ausgabe lauter Andeutungen wie: Wanderlust-Motiv, Unheils-Motiv etc. [vor]. R. sagt, am Ende glauben die Leute, daß solcher Unsinn auf meine Anregung geschieht!«

Der »Beziehungszauber« (Thomas Mann) der Leitmotivtechnik geht aus von einfachen musikalischen Formen, und die Kunst Wagners besteht darin, mit diesen Einheiten zu wuchern auf staunenswerte Weise. Und zwar dergestalt, daß das eine sich aus dem anderen entwickelt, daß jedes von ihnen durch Variation, Umkehrung, Erweiterung und Modulation einen neuen, aber entschieden bezogenen Stimmungswert erhalten kann. Die Fülle der Motive hat dementsprechend »insgesamt weniger die Funktion, Einzelnes zu charakterisieren, als vielmehr Unterschiedliches zu verbinden und Einzelnes zu differenzieren« (Breig). Eine architektonische Aufgabe also, kraft derer es möglich war, den Riesenbau dieser Tetralogie in seiner labilen Statik zusammenzuhalten und durch die präzise klangliche Erzeugung jeweils einer spezifischen »Stimmung« ein verknüpfendes Erinnerungsnetz über die einzelnen Szenen zu werfen: Mit seiner Hilfe verbinden sich die einander korrespondierenden (inneren und äußeren) Vorgänge, ja es werden für das erinnernde Hören durch den systematischen Einbau solcher tektonischen Elemente diese Korrespondenzen erst geschaffen.

Nicht also um die schematische Charakterisierung der Person, nicht um die psychologische Etikettierung des Details, sondern um deren proportionsgerechte Einbettung in das Ganze geht es dem einzelnen repetierenden Motiv und seiner Variationsvielfalt. Es ist dem Musikwissenschaftler und Wagner-Forscher Breig zuzustimmen, dessen kompetenter und konziser Darstellung der Themenbereiche Instrumentation, Motivik und Form meine Ausführungen hier das Wesentliche verdanken: »vielleicht [hat] nichts dem adäquaten Verständnis von Wagners Musik so sehr geschadet wie die vermeintlichen Abkürzungswege der ›Thematischen Leitfäden‹«.

Wenn ich also im Verlauf der nachvollziehenden Darstellung Hinweise auf Leitmotive gebe, sind sie lediglich im Sinne dieser ihre Bedeutung präzisierenden Einschränkung gemeint und als Aufforderung an den Hörer, »sich – mit aller Aufmerksamkeit – dem Fluß der Musik anzuvertrauen und das motivische Geschehen in dem Maße in sein Verständnis des Werkes einzubringen, wie es sich dem erinnernden Hören tatsächlich erschließt« (Breig). Im übrigen muß man immer wieder mit einer Polyvalenz der jeweiligen motivischen Phrase rechnen, deren Ertönen nicht in jedem Falle plausibel aus dem Handlungszusammenhang erklärbar ist. Allemal aber eignet dem Orchesterklang ein das Bewußtsein der handelnden Personen übertreffendes und ihm vorauseilendes Mehrwissen.

Die Warnung vor einem kurzgeschlossenen und unsinnigen Bedeutungsmonopol eines spezifischen Motivs findet sich gleichfalls bei Ernest Newman (S. 452): Er betont die »inadequacy of any one verbal label to cover all the significances which this or that motive originally had in Wagner's mind, or all the symbolisations that clustered about it as he sank himself more deeply into his subject«.

Meine stichwortähnlichen Anmerkungen zu dem mächtigen musikpraktischen und theoretischen Komplex des Leitmotivs mögen münden in Sätze des Mannes und Berliner Kollegen, dem in der letzten Generation die bedeutendsten Erkenntnisse der musikalischen Kunst Wagners zu verdanken sind und der 1989 allzu früh von uns gegangen ist: Carl Dahlhaus. Er vermerkt zu dem Widerspiel von reich verästeltem Leitmotiv-Geflecht und dessen Ursprung in begrenztem melodischen Vorrat (»Konzeption des musikalischen Dramas«, S. 92): »Ist demnach einerseits ein reiches und differenziertes Motivrepertoire die Voraussetzung der konstitutiven, formbildenden Leitmotivtechnik, so erscheint andererseits die Beschränkung auf eine ›geringe Anzahl‹ von Motiven als Bedingung unmittelbarer Verständlichkeit der dramatisch-symphonischen Form. Wächst die Menge der ›melodischen Momente‹ ins Unabsehbare, so verwirren sich für den Hörer die Fäden des symphonischen Gewebes: Er nimmt zwar noch die Tatsache, aber nicht mehr die Art der Verknüpfung wahr. Das ästhetisch-kompositionstechnische Dilemma war für Wagner, der immer das Einfache im Differenzierten und das Differenzierte im Einfachen suchte, charakteristisch. Und der Gedanke, die Schwierigkeit dadurch zu lösen, daß er die motivische Vielfalt, die er brauchte, aus wenigen Urmotiven entwickelte, ist von Wagner als Befreiung vom Druck eines lähmenden Problems und als das entscheidend Neue in der Leitmotivtechnik des ›Ring‹ empfunden worden.«

Edward O. Wilson
Teil der Natur

Das sechste Massensterben der geologischen Zeit ist – dank dem Menschen – in vollem Gange. Die Erde besitzt schließlich eine Kraft, die den Schmelztiegel der Evolution zerbrechen kann. Dies spürte ich mit schmerzlicher Deutlichkeit in jener sturmgepeitschten Nacht auf der Fazenda Dimona, als zuckende Blitze den Regenwald erhellten, der sich wie ein aufgeschnittenes Katzenauge der wissenschaftlichen Neugierde darbot. Ein unberührter Wald enthüllt nur selten mit solcher Klarheit seinen inneren Aufbau. Seinen Saum beschirmt eine üppig wuchernde Sekundärvegetation, und entlang den Flußufern reicht das Dickicht aus Zweigen bis zum Boden. Das nächtliche Bild enthüllte ein Kunstwerk im Zustand der Auflösung, vermittelte einen letzten flüchtigen Eindruck von wilder Schönheit.

Ein paar Tage später bereitete ich mich darauf vor, die Fazenda Dimona zu verlassen: Ich packte meine schmutzigen Kleider zu einem Bündel zusammen, schenkte dem Koch zum Abschied mein nachgemachtes Schweizer Armeemesser, beobachtete noch einmal einen Schwarm vorbeifliegender Grüner Amazonassittiche, beschriftete und verstaute meine Proben in verstärkten Kisten und legte mein wissenschaftliches Notizbuch direkt neben ein abgegriffenes Exemplar von Ed McBains Kriminalroman »Ice«, den ich mittlerweile, in Ermangelung anderer Lektüre, in- und auswendig kannte.

Knatternde Motorgeräusche kündigten das Herannahen eines Lastwagens an, der mich und zwei der Waldarbeiter zurück nach Manaus bringen sollte. Im strahlenden Sonnenlicht beobachteten wir, wie er das Weideland durchquerte, das mit seinen feuergeschwärzten Baumstümpfen und -stämmen einem Schlachtfeld glich, auf dem mein Wald schließlich hingemetzelt worden war. Auf der Rückfahrt war ich bemüht, nicht auf die kahlen Felder zu sehen. Des Gespräches mit meinen Mitfahrern aufgrund meines gebrochenen Portugiesisch bald überdrüssig, hing ich meinen Gedanken nach. Jene großartigen Zeilen von Vergil kamen mir in den

Sinn, die einzigen, die ich mir je eingeprägt hatte, in denen die Sibylle Aeneas vor der Unterwelt warnt:

»Sohn aus göttlichem Geblüt, Troer, Sohn des Anchises, leicht ist der Abstieg zum Avernus. Nächte und Tage steht offen das Tor des finsteren Dis. Aber den Schritt zur Umkehr zu bringen und wieder hinauf zu den Lüften zu schreiten, das ist das Schwierige, das kostet Mühe.«

Denn die grüne Erde vor dem Auftreten des Menschen ist das Rätsel, dessen Lösung uns aufgegeben ist, und zugleich ist sie ein Führer zur Geburtsstätte unseres Geistes, der sich jedoch heimlich davonstiehlt. Der Weg zurück wird mit jedem Jahr schwerer. Die Gefahr, die der Menschheit auf ihrem Weg in die Zukunft droht, bezieht sich weniger auf das Überleben unserer eigenen Art als vielmehr auf die Erfüllung der höchsten Ironie der organischen Evolution: daß Leben in dem Augenblick, da es durch den Geist des Menschen zur Selbsterkenntnis gelangt, seine schönsten Schöpfungen dem Untergang geweiht hat. So schließt der Mensch die Tür zu seiner Vergangenheit.

Lang und hart war der Weg bis zur Entstehung der heutigen Vielfalt der Lebensformen: eine Evolution von drei Milliarden Jahren, um die Fülle der Tiere hervorzubringen, die die Meere bewohnen; weitere 350 Millionen Jahre, um die Regenwälder aufzubauen, in denen mindestens die Hälfte der rezenten Arten leben. Dynastien wechselten einander ab. Einige Arten spalteten sich in zwei oder mehr Tochterarten auf, und ihre Töchter gliederten sich wiederum in eine Fülle von Nachfahren auf, die sich in zahllosen bunten Kombinationen zu Pflanzenfressern, Fleischfressern, Schwimmern, Gleitern, Sprintern und Grabern entwickelten. Diese Gruppen wurden dann nach ihrer teilweisen oder völligen Vernichtung von neuen Dynastien abgelöst, und so begann ein langsamer Anstieg, bis die Biodiversität – kurz vor dem Erscheinen des Menschen – ihren Höchststand erreichte. Die Kurve der Artenvielfalt hat sich wiederholt abgeflacht, und fünfmal kam es infolge von Massensterben sogar zu tiefen Einbrüchen, deren Ausgleich zehn Millionen Jahre in Anspruch nahm. Doch der Trend zeigte eindeutig nach oben. Heute ist die Vielfalt des Lebens größer als vor 100 Millionen Jahren – und viel größer als vor 500 Millionen Jahren.

Die meisten Dynastien schlossen einige Arten ein, die sich unverhältnismäßig stark ausbreiteten und untergeordnete Satrapien bildeten. Jede Art und ihre Nachfahren, die einen winzigen Teil des Ganzen bildeten, existierten im Schnitt zwischen Hunderttausenden bis Millionen von Jahren. Die Lebensdauer schwankte mit der taxonomischen Gruppe. Echinodermatastämme beispielsweise existierten länger als Stämme von Blütenpflanzen, und beide wiederum hielten sich länger als Säugetierstämme.

99 Prozent aller Arten, die je gelebt haben, sind mittlerweile ausgestorben. Die rezente Fauna und Flora setzt sich aus den Überlebenden zusammen, denen es irgendwie gelang, durch all die Radiationen und Extinktionen der geologischen Geschichte hindurchzuschlüpfen. Viele heute dominierende Gruppen, wie etwa Ratten, Echte Frösche, Fleckenfalter und Pflanzen der Asterfamilie Compositae, erreichten ihren Rang erst kurz bevor das Zeitalter des Menschen begann. Alle rezenten Arten, ob jung oder alt, sind direkte Abkömmlinge der Organismen, die vor 3,8 Milliarden Jahren lebten. Sie sind wandelnde genetische Bibliotheken aus Nukleotidsequenzen, den Wörtern und Sätzen, in denen die evolutionären Ereignisse während dieses unabsehbaren Zeitraumes niedergelegt sind. Organismen von höherer Komplexität als Bakterien – Einzeller, Pilze, Pflanzen und Tiere – enthalten zwischen einer Milliarde und zehn Milliarden Nukleotidbuchstaben, in denen mindestens so viele Informationen gespeichert sind wie in der »Encyclopædia Britannica«. Jede Art ist das Produkt von Mutationen und Rekombinationen, die zu komplex sind, als daß man sie durch bloße Intuition erfassen könnte. Ihr einzigartiges Gepräge verdankt sie einer riesigen Zahl natürlicher Selektionsereignisse, die die meisten Individuen vor Vollendung ihrer natürlichen Lebenserwartung töteten oder auf andere Weise an der Fortpflanzung hinderten. Aus phylogenetischer Sicht sind alle Arten unsere weitläufigen Verwandten, weil wir von gemeinsamen fernen Vorfahren abstammen. Wir benutzen noch immer das gleiche Alphabet, den Nukleinsäurecode, auch wenn er sich zu völlig unterschiedlichen Erbsprachen ausdifferenziert hat.

Das ist die tiefe und geheimnisvolle Wahrheit jeder Art von Lebewesen, ob groß oder klein, ob Käfer oder Unkraut. Die Blume in der rissigen Mauer *ist* ein Wunder. Wenn schon nicht in der

Weise, in der Tennyson, der viktorianische Romantiker, das Wunder der umfassenden Erkenntnis (durch die ich »weiß, was Gott und was der Mensch ist«) pries, so doch gewiß als eine Konsequenz aus unserem modernen biologischen Wissen. Jede Art Lebewesen hat bis heute überlebt, weil sie eine Nadel nach der anderen einfädelte, brillante Überlebenstricks hervorbrachte und sich entgegen aller Wahrscheinlichkeit fortpflanzte.

Noch bemerkenswerter sind die Gemeinschaften, in denen sich Organismen zusammenfinden. Man ziehe die Blume aus der Mauerspalte heraus, schüttele die Erde an ihren Wurzeln auf die Hand und betrachte sie unter dem Mikroskop. In der schwarzen Erde wimmelt es von Algen, Pilzen, Nematoden, Milben, Springschwänzen, Würmern der Familie Enchytraeidae und Tausenden von Bakterienarten. Auch wenn diese Handvoll Erde nur ein winziges Fragment eines Ökosystems ist, so weist sie aufgrund der genetischen Codes ihrer Bewohner doch mehr Ordnung auf, als man auf der Oberfläche sämtlicher Planeten zusammengenommen finden kann. Es ist eine Probe jener Lebenskraft, die die Erde beherrscht – und das auch in Zukunft, ob mit oder ohne uns.

Man könnte meinen, wir hätten die Erde vollständig erforscht. Gewiß, fast alle Berge und Flüsse tragen einen Namen, sämtliche Küsten und Landstriche sind vermessen, der Meeresboden ist bis in die tiefsten Gräben kartiert, die Atmosphäre in ihrem Aufbau und ihrer chemischen Zusammensetzung analysiert. Die Erde wird heute ununterbrochen von Satelliten aus dem Weltall überwacht; und die Antarktis, der letzte unberührte Kontinent, ist zu einer Forschungsstation und einem teuren touristischen Ausflugsziel geworden. Die Biosphäre jedoch ist noch weitgehend unerforscht. Obgleich bislang etwa 1,4 Millionen Arten entdeckt wurden (in dem oberflächlichen Sinne, daß man Exemplare gesammelt und ihnen formale wissenschaftliche Namen beigelegt hat), leben auf der Erde insgesamt zwischen zehn Millionen und 100 Millionen Arten. Niemand vermag mit Sicherheit zu sagen, welche dieser beiden Zahlen der Wahrheit näherkommt. Die Arten, die einen wissenschaftlichen Namen tragen, sind zu weniger als zehn Prozent über ihre makroskopische Anatomie hinaus erforscht worden. Die Revolution in der Molekularbiologie und der Medizin erfolgte sogar unter Verwendung eines noch kleineren Teils einschließlich Darmbakterien, Mais, Fruchtfliegen, Wanderratten, Rhesusaffen und Menschen – insgesamt nicht mehr als hundert Arten.

Entzückt über das ständige Auftauchen neuer Technologien und durch die großzügige Bereitstellung von Mitteln für die medizinische Forschung unterstützt, haben die Biologen einen schmalen Sektor der Front eingehend untersucht. Jetzt ist es an der Zeit, das Blickfeld zu erweitern, das große Unternehmen Linnés fortzuführen und die Erfassung der Biosphäre zum Abschluß zu bringen. Die Erweiterung des Blickfeldes ist vor allem deshalb dringlich, weil dem Studium der Biodiversität im Unterschied zu den übrigen Wissenschaften eine zeitliche Grenze gesetzt ist. Menschliche Aktivitäten, vor allem die Zerstörung von Lebensräumen, aber ebenso die Umweltverschmutzung und die Einführung exotischer Arten in verbliebene natürliche Lebensräume, beschleunigen das Artensterben immer mehr. Ich habe gesagt, daß im Jahr 2020 mindestens ein Fünftel der Tier- und Pflanzenarten ausgestorben oder zum Aussterben verurteilt sein könnten, sofern keine energischeren Anstrengungen zu ihrer Rettung unternommen werden. Dieser Schätzwert ergibt sich aus der bekannten quantitativen Beziehung zwischen der Größe eines Habitats und der Artenzahl, die es beherbergen kann. Die allgemeine, wenngleich nicht ausnahmslos gültige Tatsache, daß man bei der näheren Untersuchung bestimmter Organismengruppen, etwa Schnecken, Fischen und Blütenpflanzen, oftmals feststellt, daß viele Arten ausgestorben sind, untermauert diese Areal-Biodiversitäts-Kurven. Und die logische Folge: Unter den pflanzlichen und tierischen Überresten in archäologischen Fundstätten stößt man meistens auf ausgestorbene Arten und Rassen. Wenn in waldreichen Ländern wie den Philippinen und Ekuador die letzten Wälder gefällt sind, wird sich das Artensterben weiter beschleunigen. Überall auf der Erde sind die Aussterberaten bereits einige hundert- oder tausendmal so hoch wie vor dem Auftreten des Menschen. Sie lassen sich in Zeiträumen, die für den Menschen von Bedeutung sind, nicht durch die Evolution neuer Lebensformen aufwiegen.

Weshalb sollte uns das beunruhigen? Was ist schon dabei, wenn einige Arten aussterben, ja sogar die Hälfte aller Arten verschwindet? Lassen Sie mich die Konsequenzen aufzählen. Wir verlieren neue Quellen wissenschaftlicher Information. Ein riesiges Potential biologischen Reichtums wird vernichtet. Bislang unerschlossene Wirkstoffe, Kulturpflanzen, Arzneien, Hölzer, Fasern, Zellstofflieferanten, bodenregenerierende Pflanzen, Erdölersatzstoffe und weitere Produkte und Nutzungsmöglichkeiten werden niemals ans Tageslicht kommen. In gewissen Kreisen ist es Mode, das Kleine und Unscheinbare, Insekten und Unkräuter, als unwichtig abzutun. Dabei vergißt man, daß ein unscheinbarer Nachtfalter aus Lateinamerika die australischen Weiden vor der Überwucherung durch Kakteen bewahrte, daß Catharanthus roseus ein Arzneimittel gegen die Hodgkin-Krankheit und die Akute lymphatische Leukämie des Kindes liefert, daß die Rinde der Pazifischen Eibe den an Eierstock- und Brustkrebs Erkrankten Hoffnung verspricht, daß eine chemische Substanz aus dem Speichel des Blutegels die bei chirurgischen Eingriffen entstehenden Blutgerinnsel auflöst, und so fort durch eine Liste, die trotz des beschränkten Forschungsaufwandes schon jetzt lang und illuster ist.

Allzuleicht übersehen wir auch die Dienstleistungen, die Ökosysteme für den Menschen erbringen. Sie reichern den Boden an und erzeugen die Luft, die wir atmen. Ohne diese Leistungen wäre der Menschheit nur noch eine kurze und quälende Galgenfrist vergönnt. Der lebenserhaltende Nährboden besteht aus grünen Pflanzen und einer Unzahl Mikroorganismen und überwiegend kleiner, unscheinbarer Tiere – also Unkräutern und Insekten. Diese Organismen erhalten die Erde auf eine sehr effiziente Weise, weil ihre große Formenfülle sie zur Arbeitsteilung und zur Nutzung jeden Quadratmeters Erdoberfläche befähigt. Sie üben ihre Herrschaft über die Erde genau so aus, wie wir es wünschen, denn der Mensch entwickelte sich als Teil von Lebensgemeinschaften, und unsere Körperfunktionen sind in hohem Maße an den spezifischen Lebensraum angepaßt, den wir vorfanden. Mutter Erde, die neuerdings wieder Gaia genannt wird, ist nichts anderes als die Gemeinschaft der Organismen und der von diesen in jedem Augenblick bewahrten physikalischen Umwelt, die sich destabilisieren und in eine tödliche Falle verwandeln würde, sobald die Organismen allzu stark gestört werden. Unzählige andere Gaia-Planeten sind denkbar, jeder mit einer Fauna und Flora, die eine dem menschlichen Leben abträgliche physikalische Umwelt erzeugen. Wenn uns die Erhaltung der biologischen Vielfalt gleichgültig ist, laufen wir Gefahr, uns in eine feindliche Umwelt zu katapultieren. Wir werden dann jenen Pilotwalen gleichen, die aus unerfindlichen Gründen an den Küsten Neuenglands stranden.

Der Mensch und die übrigen Lebensformen auf unserem Planeten durchliefen eine Koevolution; für andere Zustände der Erde sind wir genetisch nicht gerüstet. Da die Wissenschaftler die meisten Organismenarten noch nicht einmal benannt haben und da sie nur eine sehr vage Vorstellung von der Funktionsweise von Ökosystemen besitzen, wäre es leichtfertig zu glauben, man könne die Biodiversität unbegrenzt vermindern, ohne zugleich die Menschheit selbst in ihrer Existenz zu bedrohen. Freilandstudien zeigen, daß mit der Biodiversität zugleich die Qualität der von Ökosystemen erbrachten Dienstleistungen schwindet. Untersuchungen an gestörten Ökosystemen beweisen auch, daß der Niedergang unvorhersehbar schnell eintreten kann. Mit fortschreitendem Artensterben erweisen sich einige der erloschenen Formen als Schlüsselarten, deren Verschwinden den Verlust anderer Arten nach sich zieht und sich in einer Art Dominoeffekt auf die Populationen der überlebenden Arten auswirkt. Der Verlust einer Schlüsselart gleicht dem versehentlichen Anbohren eines Stromleitungskabels. Die Folge ist, daß in allen angeschlossenen Haushalten das Licht ausgeht.

Diese Dienstleistungen sind für das Wohlergehen des Menschen von großer Bedeutung. Sie können aber nicht die alleinige Grundlage einer dauerhaften ökologischen Ethik bilden. Einen Gegenstand, für den sich ein Preis festsetzen läßt, kann man jederzeit abwerten, verkaufen oder ausrangieren. Einige mögen sich gar in der Illusion wiegen, die Menschheit könne auch auf einer biologisch verarmten Erde noch ein angenehmes Leben führen. Sie meinen, eine prothetische Umwelt sei technologisch machbar und menschliches Leben könne noch in einer gänzlich »humanisierten« Welt gedeihen, in der alle Medikamente aus Standardchemikalien synthetisiert, ein paar Dutzend Kulturpflanzenarten die Ernährung der Menschheit sicherstellen, Atmosphäre und Klima durch computergesteuerte Fusionsreaktoren reguliert würden und die Erde so lange umgebaut würde, bis sie nicht mehr im metaphorischen Sinne, sondern buchstäblich ein Raumschiff wäre, dessen Piloten Bildschirme lesen und Knöpfe drücken müßten. Das ist der Endzustand, wie er einer radikalen Fortschrittsideologie vorschwebt: Hängen wir nicht der Vergangenheit nach, denn mit dem Menschen hebt eine neue Lebensordnung an; lassen wir Arten sterben, wenn sie den Fortschritt behindern, denn wissenschaftliche und technologische Schöpferkraft werden uns neue Wege weisen. Richten wir den Blick gen Himmel, und erkennen wir die Sterne, die auf uns warten!

Indes: Der Fortschritt der Menschheit wird nicht allein von der Vernunft gesteuert, sondern auch von den unserer Art eigentümlichen Gemütsbewegungen, die von der Vernunft unterstützt und gemäßigt werden. Emotionen machen uns zu Menschen und unterscheiden uns von Computern. Wir wissen wenig über unser wahres Wesen, über das, was die Substanz des Menschseins ausmacht, und darum können wir nicht vorhersagen, in welche Richtung wir das Raumschiff Erde nach Meinung künftiger Generationen hätten lenken müssen. Wie Vercors in »You Shall Know Them« ausführt, rühren unsere Schwierigkeiten daher, daß wir nicht wissen, was wir sind, und uns nicht darauf einigen können, was wir sein wollen. Der Hauptgrund dieses intellektuellen Versagens ist unsere Unkenntnis über unseren Ursprung. Wir sind nicht als außerirdische Wesen auf diesem Planeten gelandet. Der Mensch ist Teil der Natur, eine Art, die sich inmitten anderer Arten entwickelt hat. Je stärker wir uns mit den übrigen Lebensformen identifizieren, um so schneller werden wir den Ursprung unserer Empfindungsfähigkeit verstehen und das Wissen erwerben, auf dessen Grundlage wir eine dauerhafte Ethik errichten und eine konkrete Zukunftsvision gewinnen können.

Das Erbe der Menschheit erstreckt sich nicht nur über die etwa 8000 Jahre der schriftlich überlieferten Geschichte, wie allgemein angenommen wird, sondern über mindestens zwei Millionen Jahre bis zum Auftreten der ersten »echten« Menschen, der frühesten Art der Gattung *Homo*. Über Tausende von Generationen hinweg muß die Entstehung der Kultur tiefgreifend von gleichzeitigen Ergebnissen in der genetischen Evolution, vor allem jenen, die sich auf die Struktur und Physiologie des Gehirns auswirkten, beeinflußt worden sein. Umgekehrt haben die kulturellen Selektionsformen zweifellos nachhaltige Auswirkungen auf die genetische Evolution gehabt.

Erst in jüngster historischer Zeit entstand der Irrglaube, wir könnten losgelöst von den übrigen Lebensformen ein angenehmes Dasein führen. Schriftlose Gesellschaften standen in engem Kontakt mit einem weiten Spektrum von Lebensformen. Sie waren dieser Herausforderung intellektuell nur teilweise gewachsen. Immerhin bemühten sie sich, die wichtigsten Teile zu verstehen, denn sie wußten, daß die richtigen Reaktionen Leben und Erfüllung verhießen, die falschen dagegen Krankheit, Hunger und Tod. Die Spuren dieser Bemühungen können nicht in ein paar Generationen städtischer Lebensweise ausradiert worden sein. Ich behaupte, daß sie sich in gewissen Eigenheiten der menschlichen Natur auffinden lassen, zum Beispiel den folgenden:

– Viele Leute erwerben Phobien, also jähe und unbezwingbare Abneigungen gegen Objekte und Situationen, die Menschen in natürlichen Lebensräumen bedrohen: Höhen, geschlossene Räume, offene Räume, fließendes Wasser, Wölfe, Spinnen und Schlangen. Sie entwickeln jedoch nur selten Phobien gegen moderne Geräte, die viel gefährlicher sind, wie beispielsweise Gewehre, Messer, Autos und Steckdosen.

– Menschen fühlen sich von Schlangen zugleich abgestoßen und angezogen, auch wenn sie nie eine Schlange in freier Natur gesehen haben. In der mythischen und religiösen Symbolik der meisten Kulturen ist die Schlange das vorherrschende Wildtier. Die Einwohner Manhattans träumen genauso oft von Schlangen wie die Zulus. Diese Reaktion scheint darwinistischen Ursprungs zu sein. Bisse von Giftschlangen waren überall, von Finnland bis Tasmanien, von Kanada bis Patagonien, eine gewichtige Todesursache; eine natürliche Wachsamkeit in ihrer Nähe kann Leben retten. Eine ähnliche Reaktion läßt sich bei vielen Primaten einschließlich Altweltaffen und Schimpansen feststellen: Die Tiere weichen zurück, alarmieren Artgenossen, beobachten das Reptil aus der Nähe und folgen jeder potentiell gefährlichen Schlange, bis sie in sicherer Entfernung verschwindet. Für den Menschen besitzt die mythisch verwandelte Schlange in einem umfassenden metaphorischen Sinn sowohl schöpferische wie zerstörerische Kräfte: die kanaanitische Aschtoret, die Dämonen Fu-Hsi und Nu-Kua der

Han-Chinesen, Mudamma und Manasa im indischen Hinduismus, die dreiköpfige Riesenschlange Nehebkau der alten Ägypter, die Schlange der Genesis, die Wissen und Tod bringt, und, bei den Azteken, Xihuacoatl, die Göttin der Geburt und Mutter des Menschengeschlechtes, der Regengott Tlaloc und Quetzalcoatl, die gefiederte Schlange mit Menschenkopf, die als Göttin des Morgen- und Abendsterns herrschte. Die Macht der Schlangen reicht bis in die heutige Zeit hinein: Eine Schlange umwindet den Stab des Äskulap, des griechischen Gottes der Heilkunde, das heutige Symbol des Ärztestandes (das manchmal fälschlicherweise durch den von *zwei* Schlangen umwundenen Stab des Hermes, des Gottes der Boten und Reisenden, dargestellt wird).

– Die meisten Menschen bevorzugen als Wohnort eine Anhöhe in der Nähe eines Gewässers mit Ausblick auf eine Parklandschaft. Auf derartigen Erhebungen befinden sich die Wohnstätten der Mächtigen und Reichen, die Gräber der Großen, Gotteshäuser, Parlamentsgebäude und Monumente zum Gedenken an nationale Ruhmestaten. Diese Wohnlage wird heute nach ästhetischen Gesichtspunkten ausgewählt und ist aufgrund der impliziten Freiheit, sich hier niederzulassen, ein Statussymbol. In alten Zeiten, die stärker von praktischen Zwängen bestimmt waren, bot die Landschaft Zufluchtsstätten und Aussichtspunkte, von denen man heraufziehende Stürme und anrückende Feinde schon von ferne ausmachen konnte. Jede Tierart sucht sich ein Habitat, das ihren Mitgliedern größtmögliche Sicherheit bei ausreichendem Nahrungsangebot gewährt. In prähistorischer Zeit lebten die Menschen zunächst in tropischen und subtropischen Savannen Ostafrikas – offenen, von Wasserläufen durchzogenen und mit Seen, Bäumen und Niederwald übersäten Landschaften. Der moderne Mensch orientiert sich bei der Wahl seines Wohnsitzes und der Gestaltung seiner Parks und Gärten an ähnlichen landschaftlichen Verhältnissen, sofern er die Freiheit dazu hat. Er imitiert weder dichte Dschungel, zu denen sich die Gibbons hingezogen fühlen, noch trockenes Grasland, das Mantelpaviane bevorzugen. In seinen Gärten pflanzt er Baumarten an, die Akazien, Stinkbäumen und anderen in den afrikanischen Savannen beheimateten Bäumen gleichen. Er wünscht sich eine Baumkrone aus dichtem Blattwerk oder nadelförmigen Blättern, die durchweg eine größere Breite als Höhe besitzt und deren unterste Äste so zum Boden herabreichen, daß man sie berühren und erklettern kann.

– Viele Menschen wandern, jagen, fischen, beobachten Vögel und arbeiten im Garten, sofern sie über die Mittel und genügend Freizeit verfügen. In den Vereinigten Staaten und Kanada besuchen mehr Menschen Zoos und Aquarien als professionelle Sportveranstaltungen. In Scharen strömen sie in die Nationalparks, um natürliche Landschaften zu erleben, spähen von Anhöhen über zerklüftetes Gelände, um einen flüchtigen Blick auf Wasserfälle und freilebende Tiere zu werfen. Sie legen weite Strecken zurück, um am Meeresufer entlangzuschlendern, ohne sich dies erklären zu können.

Das sind Beispiele dessen, was ich *Biophilie* genannt habe: die unbewußte Neigung des Menschen, die Nähe der übrigen Lebensformen zu suchen. Zur Biophilie kann man auch die Sehnsucht nach der Wildnis zählen, nach all den Gebieten und Pflanzen- wie Tiergemeinschaften, die noch nicht von menschlichen Aktivitäten beeinträchtigt sind. In der Wildnis sucht der Mensch neue Lebenskraft und das Urerlebnis des Wunderbaren, und aus der Wildnis kehrt er in jene Teile der Erde zurück, die kultiviert und nach seinen Bedürfnissen gestaltet sind. Die Wildnis erfüllt uns mit Frieden, weil sie uns das Bild völliger Selbstgenügsamkeit vermittelt; sie übersteigt die menschliche Phantasie. Die Wildnis ist eine Metapher für unbegrenzte Möglichkeiten, die sich zu einer Zeit im kollektiven Gedächtnis bildete, als sich der Mensch über die Erde ausbreitete, von Tal zu Tal, von Insel zu Insel, im Vertrauen auf die Götter und fest davon überzeugt, das unberührte Land erstrecke sich endlos weit hinter dem Horizont.

Ich führe diese weitverbreiteten psychischen Neigungen nicht als Beweis einer angeborenen menschlichen Natur an, ich will vielmehr zu einer gründlicheren Reflexion auffordern und die zentralen Fragen nach dem Ursprung des Menschen in der Wildnis einer philosophischen Erörterung zuführen. Wir sind uns selbst noch immer ein Rätsel und entfernen uns immer weiter vom Paradies, wenn wir vergessen, welche Bedeutung die Natur für uns hat. Viele Anzeichen sprechen dafür, daß der Verlust biologischer Vielfalt nicht nur unser physisches, sondern auch unser geistiges

Wohlbefinden gefährdet. Wenn dies der Fall ist, werden die heute vor sich gehenden Veränderungen sämtlichen künftigen Generationen Schaden zufügen.

Daher ist Besonnenheit das ethische Gebot der Stunde. Wir sollten jedes noch so kleine Stückchen Biodiversität als einen unbezahlbaren Schatz erachten, ihn nutzen lernen und seine Bedeutung für die Menschheit begreifen. Wir sollten nicht wissentlich das Aussterben einer Art oder Rasse in Kauf nehmen. Und wir sollten über die bloße Rettung hinausgehen und mit der Wiederherstellung natürlicher Lebensräume beginnen, um die Populationen freilebender Tiere zu mehren und dem Ausbluten des biologischen Reichtums Einhalt zu gebieten. Kann man sich ein beflügelnderes Unternehmen vorstellen als die Wiederherstellung der Natur, die Erneuerung der wunderbaren Vielfalt des Lebens, die uns noch immer umgibt?

Die rasante Veränderung der Umwelt verlangt nach einer Ethik, die von anderen Glaubenssystemen abgekoppelt ist. Jene, die aufgrund ihrer religiösen Überzeugungen an dem Glauben festhalten, das Leben auf der Erde sei auf einen einzigen göttlichen Schöpfungsakt zurückzuführen, werden einsehen, daß wir die Schöpfung vernichten, und jene, die die Biodiversität für das Produkt einer blinden Evolution halten, werden ihnen beipflichten. Auch spielt es keine Rolle, ob die Arten eigenständige Rechte besitzen, wie eine große philosophische Fraktion behauptet, oder ob umgekehrt die ethische Reflexion ein spezifisch menschliches Anliegen ist, wie ihre Gegner geltend machen. Die Verfechter beider Anschauungen werden sich in ihrer Haltung zum Artenschutz zweifellos einander annähern.

Die treuhänderische Verwaltung der Umwelt reicht in die Nähe der Metaphysik, und in ihrem Bannkreis können alle wohlmeinenden Menschen gewiß eine gemeinsame Basis finden. Denn was ist Moralität letztlich anderes als ein durch rationale Prüfung von Handlungsfolgen ergänztes Gebot des Gewissens? Und was ist ein elementares Gebot anderes als eine Vorschrift, die dem Wohle aller Generationen dient? Ziel einer dauerhaften ökologischen Ethik wird es sein, nicht nur die Gesundheit und Freiheit unserer Art, sondern auch den Zugang zu der Welt zu bewahren, in der der menschliche Geist entstanden ist.

II. ORDNUNGEN – DAS NAHE UND DAS FERNE

Werner Heisenberg
Verbindung zur Mitte

Durch diese Wendung des Gesprächs wurde ich ganz unvermittelt an eine Lektüre erinnert, die mich ein Jahr vorher beschäftigt und gefesselt hatte und die mir damals an wichtigen Stellen ganz unverständlich geblieben war. Es handelte sich um den Dialog »Timaios« bei Plato, in dem ja auch über die kleinsten Teile der Materie philosophiert wird. Aus den Worten von Robert wurde mir zum erstenmal, wenn auch zunächst noch in unklarer Weise, begreiflich, daß man überhaupt zu solchen merkwürdigen gedanklichen Konstruktionen über die kleinsten Teile kommen kann, wie ich sie in Platos »Timaios« vorgefunden hatte. Nicht daß mir diese Konstruktionen, die ich zunächst für ganz absurd gehalten hatte, nun auf einmal plausibel erschienen wären; nur sah ich hier zum erstenmal einen Weg vor mir, der wenigstens im Prinzip zu derartigen Konstruktionen führen konnte.

Um verständlich zu machen, daß mir die Erinnerung an das Studium des »Timaios« in diesem Moment sehr viel bedeutete, muß wohl auch kurz über die merkwürdigen Umstände berichtet werden, unter denen diese Lektüre stattgefunden hatte. Im Frühjahr 1919 herrschten in München ziemlich chaotische Zustände. Auf den Straßen wurde geschossen, ohne daß man genau wußte, wer die Kämpfenden waren. Die Regierungsgewalt wechselte zwischen Personen und Institutionen, die man kaum dem Namen nach kannte. Plünderungen und Raub, von denen einer mich einmal selbst betroffen hatte, ließen den Ausdruck »Räterepublik« als Synonym für rechtlose Zustände erscheinen. Als sich dann schließlich außerhalb Münchens eine neue bayerische Regierung gebildet hatte, die ihre Truppen zur Eroberung von München einsetzte, hofften wir auf Wiederherstellung geordneter Verhältnisse. Der Vater des Freundes, dem ich früher bei den Schularbeiten geholfen hatte, übernahm die Führung einer Kompanie von Freiwilligen, die sich an der Eroberung der Stadt beteiligen wollten. Er forderte uns, das heißt die halberwachsenen Freunde seiner Söhne, auf, als stadtkundige Ordonnanzen bei den einrükkenden Truppen zu helfen. So ergab es sich, daß wir einem Stab, genannt Kavallerieschützenkommando 11, zugeteilt wurden, der sein Quartier in der Ludwigstraße im Gebäude des Priesterseminars gegenüber der Universität aufgeschlagen hatte. Hier tat ich also Dienst, oder richtiger, hier führten wir zusammen ein sehr ungebundenes Abenteurerleben; von der Schule waren wir befreit, wie schon so oft vorher, und wir wollten die Freiheit nutzen, um die Welt von neuen Seiten kennenzulernen. Der Freundeskreis, mit dem ich ein Jahr später über die Hügel am Starnberger See wanderte, hatte sich in seinem Grundstock eben hier zusammengefunden. Dieses abenteuerliche Leben dauerte aber nur einige Wochen. Als dann die Kämpfe abgeflaut waren und der Dienst eintönig wurde, geschah es öfters, daß ich nach einer in der Telephonzentrale durchwachten Nacht mit dem Sonnenaufgang aller Pflichten ledig war.

Um mich allmählich wieder auf die Schule vorzubereiten, zog ich mich dann mit unserer griechischen Schulausgabe der Platonischen Dialoge auf das Dach des Priesterseminars zurück. Dort konnte ich, in der Dachrinne liegend und von den ersten Sonnenstrahlen durchwärmt, in aller Ruhe meinen Studien nachgehen und zwischendurch das erwachende Leben auf der Ludwigstraße beobachten. An einem solchen Morgen, als das Licht der aufgehenden Sonne schon das Universitätsgebäude und den Brunnen davor überflutete, geriet ich an den Dialog »Timaios«, und zwar an jene Stelle, wo über die kleinsten Teile der Materie gesprochen wird. Vielleicht hat mich die Stelle zunächst nur deswegen gefesselt, weil sie schwer zu übersetzen war oder weil sie von mathematischen Dingen handelte, die mich immer schon interessiert hatten. Ich weiß nicht mehr, warum ich meine Arbeit gerade auf diesen Text besonders hartnäckig konzentrierte. Aber was ich dort las, kam mir völlig absurd vor. Da wurde behauptet, daß die kleinsten Teile der Materie aus rechtwinkligen Dreiecken gebildet seien, die, nachdem sie paarweise zu gleichseitigen Dreiecken oder Quadraten zusammengetreten waren, sich zu den regulären Körpern der Stereometrie Würfel, Tetraeder, Oktaeder und Ikosaeder zusammenfügten. Diese vier Körper seien dann die Grundeinheiten der vier Elemente Erde, Feuer, Luft und Wasser. Dabei blieb mir unklar, ob die regulären Körper nur als Symbole den Elementen zugeordnet waren, so etwa der Würfel dem Element Erde, um die Festigkeit, das Ruhende dieses Elements darzustellen, oder ob wirklich die kleinsten Teile des Elements Erde eben die Form des Würfels haben sollten. Solche Vorstellungen empfand ich als wilde Spekulationen, bestenfalls entschuldbar durch den Mangel an eingehenden empirischen Kenntnissen im alten Griechenland. Aber es beunruhigte mich tief, daß ein Philosoph, der so kritisch und scharf denken konnte wie Plato, doch auf derartige Spekulationen verfallen war. Ich versuchte, irgendwelche Denkansätze zu finden, von denen aus die Spekulationen Platos mir verständlicher werden könnten. Aber ich wußte nichts zu entdecken, was auch nur von ferne den Weg dahin gewiesen hätte. Dabei ging für mich von der Vorstellung, daß man bei den kleinsten Teilen der Materie schließlich auf mathematische Formen stoßen sollte, eine gewisse Faszination aus. Ein Verständnis des fast unentwirrbaren und unübersehbaren Gewebes der Naturerscheinungen war doch wohl nur möglich, wenn man mathematische Formen in ihm entdecken konnte. Aber mit welchem Recht Plato dabei gerade auf die regulären Körper der Stereometrie verfallen war, blieb mir völlig unverständlich. Sie schienen keinerlei Erklärungswert zu enthalten. So benützte ich den Dialog weiterhin nur, um meine Kenntnisse im Griechischen aufzufrischen. Aber die Beunruhigung blieb. Das wichtigste Ergebnis der Lektüre war vielleicht die Überzeugung, daß man, wenn man die materielle Welt verstehen wollte, etwas über ihre kleinsten Teile wissen mußte. Aus Schullehrbüchern und populären Schriften war mir bekannt, daß auch die moderne Wissenschaft Untersuchungen über die Atome anstellt. Vielleicht konnte ich später in meinem Studium selbst in diese Welt eindringen. Aber das war später.

Die Beunruhigung blieb und wurde für mich ein Teil jener allgemeinen Unruhe, die die Jugend in Deutschland ergriffen hatte. Wenn ein Philosoph vom Rang Platos Ordnungen im Naturgeschehen zu erkennen glaubte, die uns jetzt verlorengegangen oder unzugänglich sind, was bedeutet das Wort »Ordnung« überhaupt? Ist Ordnung und ihr Verständnis an eine Zeit gebunden? Wir waren in einer Welt aufgewachsen, die wohlgeordnet schien. Unsere Eltern hatten uns die bürgerlichen Tugenden gelehrt, die für die Aufrechterhaltung jener Ordnung die Voraussetzung bilden. Daß es zuzeiten auch notwendig sein kann, für ein solches geordnetes Staatswesen das eigene Leben zu opfern, das hatten schon Griechen und Römer gewußt, das war nichts Besonderes. Der Tod vieler Freunde und Verwandter hatte uns gezeigt, daß die Welt eben so ist; aber nun gab es viele, die sagten, der Krieg sei ein Verbrechen gewesen, und zwar ein Verbrechen eben jener Führungsschicht, die sich für die Aufrechterhaltung der alten europäischen Ordnung vor allem verantwortlich gefühlt hatte, die geglaubt hatte, ihr auch dort Geltung verschaffen zu müssen, wo sie mit anderen Bestrebungen in Konflikt geriet. Die alte Struktur Europas war jetzt durch die Niederlage zerbrochen. Auch das war nichts Besonderes. Wo es Kriege gibt, muß es Niederlagen geben. Aber war dadurch der Wert der alten Struktur grundsätzlich in Frage gestellt? Kam es nun nicht einfach darauf an, aus den Trümmern eine neue kräftigere Ordnung aufzubauen? Oder hatten jene recht, die auf den Straßen von München ihr Leben dafür opferten, die Rückkehr einer Ordnung alten Stils überhaupt zu verhindern und statt dessen eine zukünftige zu verkünden, die nicht mehr eine Nation, sondern die ganze Menschheit umfassen sollte – obwohl diese Menschheit außerhalb Deutschlands in ihrer Mehrheit vielleicht gar nicht daran dachte, eine solche Ordnung errichten zu wollen? In den Köpfen der jungen Menschen gingen diese Fragen wirr durcheinander, und auch die Älteren konnten uns keine Antworten mehr geben.

So fiel in die Zeit zwischen der Lektüre des »Timaios« und der Wanderung auf den Höhen am Starnberger See noch ein weiteres Erlebnis, das erheblichen Einfluß auf mein späteres Denken gewonnen hat und über das berichtet werden muß, bevor das Gespräch über die Welt der Atome wieder aufgenommen werden kann. Einige Monate nach der Eroberung Münchens waren die Truppen wieder aus der Stadt ausgezogen. Wir besuchten die Schule wie vorher, ohne viel über den Wert unseres Tuns nachzudenken. Da geschah es eines Nachmittags, daß ich auf der Leopoldstraße von einem mir unbekannten Jungen angesprochen wurde: »Weißt du schon, daß sich in der nächsten Woche die Jugend auf Schloß Prunn versammelt? Wir wollen alle mitgehen, und du sollst auch kommen. Alle sollen kommen. Wir wollen uns jetzt selbst überlegen, wie alles weitergehen soll.« Seine Stimme hatte einen Klang, den ich bis dahin nicht gehört hatte. So beschloß ich, nach Schloß Prunn zu fahren, Kurt wollte mich begleiten.

Die Eisenbahn, die damals noch ganz unregelmäßig verkehrte, brachte uns erst in vielen Stunden ins untere Altmühltal. Es war wohl in früheren geologischen Zeiten einmal das Tal der Donau gewesen; die Altmühl hat sich dort in vielen Windungen den Weg durch den Fränkischen Jura gegraben, und das malerische Tal ist fast wie das Rheintal von alten Burgen bekränzt. Die letzten Kilometer zum Schloß Prunn mußten wir zu Fuß zurücklegen, und schon sahen wir von allen Seiten junge Menschen auf die hohe Burg zustreben, die kühn auf einem senkrecht abfallenden Felsen am Talrand errichtet ist. Im Schloßhof, in dessen Mitte ein alter Ziehbrunnen stand, waren schon größere Scharen versammelt. Die meisten waren noch Schüler, aber es gab auch Ältere darunter, die als Soldaten alle Schrecken des Krieges miterlebt hatten und in eine veränderte Welt zurückgekehrt waren. Viele Reden wurden gehalten, deren Pathos uns heute fremd anmuten würde: Ob das Schicksal unseres Volkes oder das der ganzen Menschheit für uns wichtiger wäre, ob der Opfertod der Gefallenen durch die Niederlage sinnlos geworden sei, ob die Jugend sich das Recht nehmen dürfe, ihr Leben selbst und nach eigenen Wertmaßstäben zu gestalten, ob die innere Wahrhaftigkeit wichtiger sei als die alten Formen, die für Jahrhunderte das Leben der Menschen geordnet hätten – über all dies wurde mit Leidenschaft gesprochen und gestritten.

Ich war viel zu unsicher, um mich an diesen Debatten zu beteiligen, aber ich hörte zu und dachte über den Begriff der Ordnung selbst nach. Die Verwirrung im Inhalt der Reden schien mir zu zeigen, daß auch echte Ordnungen miteinander in Widerstreit geraten können und daß dann durch diesen Kampf das Gegenteil von Ordnung bewirkt wird. Dies war, so schien mir, doch nur möglich, wenn es sich um Teilordnungen handelte, um Bruchstücke, die sich aus dem Verband der zentralen Ordnung gelöst hatten; die zwar ihre Gestaltungskraft noch nicht eingebüßt hatten, denen aber die Orientierung nach der Mitte verlorengegangen war. Das Fehlen dieser wirksamen Mitte wurde mir immer quälender bewußt, je länger ich zuhörte; ich litt fast physisch darunter, aber ich wäre selbst nicht imstande gewesen, aus dem Dickicht der widerstreitenden Meinungen einen Weg in den zentralen Bereich zurückzufinden. So vergingen Stunden, und es wurden Reden gehalten und Streitgespräche geführt. Die Schatten auf dem Burghof wurden länger, und schließlich folgte dem heißen Tag eine graublaue Dämmerung und eine mondhelle Nacht. Immer noch wurde gesprochen, aber dann erschien oben auf dem Balkon über dem Schloßhof ein junger Mensch mit einer Geige, und als es still geworden war, erklangen die ersten großen d-moll-Akkorde der Chaconne von Bach über uns. Da war die Verbindung zur Mitte auf einmal unbezweifelbar hergestellt. Das vom Mondlicht übergossene Altmühltal unter uns wäre Grund genug für eine romantische Verzauberung gewesen; aber das war es nicht. Die klaren Figuren der Chaconne waren wie ein kühler Wind, der den Nebel zerriß und die scharfen Strukturen dahinter sichtbar werden ließ. Man konnte also vom zentralen Bereich sprechen, das war zu allen Zeiten möglich gewesen, bei Plato und bei Bach, in der Sprache der Musik oder der Philosophie oder der Religion, also mußte es auch jetzt und in Zukunft möglich sein. Das war das Erlebnis.

Karl Jaspers

Von den Grenzen pädagogischen Planens (1952)

Seit mehr als einem Jahrhundert ist die Einsicht erwachsen: wir stehen am Ende einer Geschichte von Jahrtausenden. In einem steigenden Tempo geht der Gang der Geschichte in eine Zukunft, die alle Menschen, Chinesen, Inder und Abendländer, vor eine Aufgabe stellt, für die uns zureichende Maße noch fehlen. In dieser Situation ist die Erziehung der kommenden Generationen von der größten Bedeutung. In ihr liegen die Chancen, unsere Tiefe aus dem geschichtlichen Grund zu erwecken, die Gehalte der Überlieferung zu bewahren, aber auch die ganz andere Möglichkeit, die Überlieferung radikal abzuschneiden, sie als Trümmerhaufen zu behandeln, aus dem man brauchbare Steine auswählt und zurechtschlägt für den Neubau, der auf Grund eines vermeintlichen Wissens vom Wesen und Glück des Menschen mit Soziologie und Psychologie gleichsam aus dem Nichts errichtet wird. Daher ist in der ganzen Welt die Erziehung zu einer Sache bewußter Überlegung und ständiger Reform geworden. Überall sinnt und plant man, wie es entweder besser zu machen oder auf ganz neuen Grund zu stellen sei. Nicht nur das Heil der Kinder, die der Lehrer leibhaftig vor sich hat, sondern mit ihnen die Zukunft des Menschseins überhaupt hängt ab von dem, was durch die Erziehung still und unmerklich überall im kleinsten Raum in der Familie und in der Schule und in der Umwelt der Kinder geschieht, was dort von ihnen gehört und für sie sichtbar ist, und was zu tun sie selber angehalten werden.

In der totalitären Welt wird auch die Erziehung total geplant, daher bis in das Kleinste geregelt, nivelliert und erzwungen. Hier ist die Sache ihrer selbst gewiß, klar und eindeutig. Die Totalitären wissen, wie sie es machen wollen. Sie organisieren die Erziehung wie maschinelle Apparatur nach wissenschaftlich-technischen, insbesondere psychologischen Gesichtspunkten. Die Reduktion der Erziehung auf die Herrichtung des Menschen zu einem brauchbaren Arbeitswerkzeug und zur gehorsamen Funktion erzeugt im ganzen einen vitalen Schwung der Teilnahme an einer Macht, die eine großartige Zukunft herbeizuführen verspricht. Es gibt einen die Massen ergreifenden Drang, sich hineinzustürzen in den Strom, in der Funktionalisierung sich selbst preiszugeben, Material zu werden und die andern zum Material zu machen. Es kommt nur auf den geplanten, gewaltigen Menschenbau an, nicht auf Individuen, nicht auf Persönlichkeiten. Diese sind beliebig ersetzbar. Sie sind nach vitaler Kraft intellektueller Begabung, nach technischer Geschicklichkeit und ihrer Funktionalisierbarkeit zu bewerten. Sie sind zu verschwenden in der Arbeit, auszurotten, wenn sie unbrauchbar sind. Denn dieses Material wächst trotz aller Vergeudung immer noch in größerer Menge nach, als man brauchen kann.

Ganz anders in der noch freien Welt. Die Abendländer, die Inder und Chinesen, soweit sie noch wurzeln in ihrer Überlieferung von drei Jahrtausenden, sträuben sich gegen die geistige Vernichtung. Manche werden kleinmütig, sie sehen nur die Ohnmacht vor dem Gang der Weltgeschichte. Manche geraten in einen zuerst verzweifelten, dann gewohnten Nihilismus: Es ist alles gleichgültig; es ist ja doch nichts zu machen. Manche möchten sich die große radikale Frage und deren Entweder-Oder, vor das die Menschheit gestellt ist, verschleiern. Manche erbauen sich an den vielen Zaubereien, die heute angeboten werden. Sie alle verwandeln sich und die, auf die sie wirken, unmerklich in eine innere Bereitschaft, im entscheidenden Augenblick den Totalitarismus widerstandslos über sich Herr werden zu lassen. Wo er Herr geworden ist, müssen alle, die nicht sogleich sterben wollen, ohnehin schweigen.

Wie aber in der freien Welt die Erziehung gestaltet werden solle, das unterscheidet sich von der totalitären Welt wesentlich auch durch die Art des Planens. Die freie Welt lebt, so lange sie lebt, aus einem Grunde, von dem her die Führung kommt für all ihr Planen. Dieser Grund wird geschichtlich gelebt und durch tägliche Gegenwart in den Kindern erweckt, selber aber als Ganzes weder geplant noch gemacht. Es ist für die freie Welt zu einer gar nicht leicht lösbaren Aufgabe geworden, zur Klarheit zu gelangen über das, was geplant werden kann und was nicht, und dann zu leben mit dem Bewußtsein um die Kraft des Unplanbaren, aber unendlich zu Erhellenden. Durch falsche Weise des Planens, durch Vergessen des alles tragenden Grundes kann man unmerklich auf den Weg geraten, der im Totalitären endet. Planen, unaufhörliches Planen ist für uns Menschen notwendig. Nicht gegen das Planen, sondern gegen einen falschen Geist dieses Planens und gegen ein Planen, das das Unfaßbare mit einbeziehen will, ist der Schutz notwendig. Ich versuche, dies an einigen Beispielen zu verdeutlichen.

1. Kinder sollen Fertigkeiten erwerben und Wissen erlernen. Das Wissen wird in reiner Form durch die Wissenschaften zur Verfügung gestellt. Geplant wird daher, der Jugend den Inhalt und die Methoden der Wissenschaften, soweit sie für das Leben brauchbar erscheinen, weiterzugeben. Geschichte etwa ist nicht nur beim Lehrer begründet auf kritische Geschichtswissenschaft, sondern wird als Wissenschaft vorgetragen, – Unterricht in den alten Sprachen und der Erwerb des Gehalts der eigenen Sprache wird durchsetzt mit linguistischem Wissen, – biblischer Unterricht wird zu Religionsgeschichte. Wichtig aber für Kinder ist nirgends diese Wissenschaft, sondern die Erfüllung des jugendlichen Geistes mit hohen Anschauungen, mit Bildern und Gestalten. Wichtig ist darum die Prägnanz in der Mitteilung dieser Gehalte, die Klarheit ihrer gedanklichen Struktur, daher die Übung des deutlichen Auffassens, der Überwindung des Ungefähren. Das aber ist primär ein geistiger, erst in der Folge wird er zum Teil auch ein wissenschaftlicher Prozeß. In der Wissenschaft als Beruf gibt es nichts, das nicht wissenswert wäre oder sein könnte. Für die Erziehung aber sind die Wissenschaften voll von Nichtwissenswertem. Im Gang der Erziehung wird dann später wissenschaftliche Denkungsweise selber zur bewußten Erfahrung des Wissenkönnens mit zwingenden Gründen. Dann wird die wissenschaftliche Denkungsart als eine unerläßliche Grundlage unseres Menschseins, aber mit dem Wissen um ihre Grenzen, zur Geltung gebracht. Die Planung des wissenschaftlichen Unterrichts kann entscheidend nicht durch die Wissenschaft selbst, nicht durch den Sachverstand der Fachwissenschaften bestimmt werden, sondern steht ursprünglich unter der Instanz des ganz anderen Sachverstandes, des Wissens um die Wesentlichkeit. Sie beruht auf anderer Verantwortung als der der

wissenschaftlichen Richtigkeit. Unter dieser Instanz ist die Rolle der Wissenschaft an der Schule, insbesondere die Auswahl des Wissenswerten, jederzeit vom Geist der Schule her neu zu prüfen. Wissenschaftliche Denkungsart aber als Element der Vernunft sollte anläßlich der vorkommenden Inhalte zur verläßlichen Haltung werden.

2. Kinder sollen gemäß ihren Anlagen und Fähigkeiten erzogen werden. Die Psychologie als Wissenschaft von der menschlichen Artung, von den psychophysischen Funktionen, von den Entwicklungsstufen, von den Abnormitäten, soll die Grundlage der pädagogischen Planung und der Entscheidungen sein. Erziehung wird zu einer psychologischen Veranstaltung. Es entsteht die Meinung, der Mensch als Forscher könne den Menschen als Realität durchschauen; was aus dem Menschen werden könne und solle, das ergebe sich aus psychologischer Erkenntnis. Dies ist ein verhängnisvoller moderner Irrtum. Es ist zwar sinnvoll, Psychologie zu treiben. In Fragen der Ermüdbarkeit, des Gedächtnisses, der Eigentümlichkeiten der Entwicklungsphasen u. a. ist manche Erkenntnis gewonnen, die man zweckmäßig anwenden kann. Die Kenntnis des Psychopathologischen kann manche unnötige Quälerei verhindern, manch schnelles Urteil korrigieren, einerseits Hoffnungen bewahren lassen, andererseits Unerbittliches anerkennen lehren. Die Psychologie wird durchwegs nur bei Mängeln zum Ratgeber. Sie hat es heute durch Testprüfungen und anderes erreicht, in Betrieben und Schulen die Reibungen zu vermindern, die äußerlichen Leistungen zu steigern, – ich wage zu behaupten: oft unter faktischer Herabsetzung des Menschen, unter Anspruch eines viel zu weit gehenden, daher sich im Urteil über den Einzelfall täuschenden Wissens. Psychologie und vor allem Psychopathologie, im Bewußtsein der Grenze ihrer Möglichkeit befragt, sind in bescheidenem Umfang nützlich. Der Psychologe aber als Instanz ist ein ungeheuerliches Phänomen. Ein Eindringen gar der Psychoanalyse, die trotz wissenschaftlicher Elemente im Ganzen eine Glaubensbewegung in wissenschaftlichem Gewande ist, in Amerika eine schon grotesk werdende Erscheinung, scheint mir neben der Verwandlung des Menschen durch marxistische Denkungsart eine Weise der Vernichtung der Menschenwürde (darüber in meiner »Allgemeinen Psychopathologie«, 5. Aufl. 1948,

und in einem kleinen Aufsatz »Kritik der Psychoanalyse« in »Rechenschaft und Ausblick«, 1951).

Gegen eine Planung der Erziehung auf Grund vermeintlicher psychologischer Erkenntnis ist hinzuweisen auf den beschränkten Umfang wirklicher psychologischer Einsicht. Man darf sagen: Psychologie als Wissenschaft ist für die Erziehung nicht entscheidend; ohne sie bliebe in der Erziehung alles Wesentliche erhalten, obgleich ihre beiläufige Mitwirkung unter der führenden Instanz des Erziehers nützlich sein kann.

3. Der Anspruch an die Schule, die Kinder auszubilden zu brauchbaren Gliedern der Gemeinschaft, bedeutet zweierlei. Erstens das Erwecken des geschichtlichen Geistes der Gemeinschaft, des Lebens in deren Symbolen. Die Kinder sollen erfüllt sein von diesen Gehalten in täglicher Selbstverständlichkeit, durch das Vorleben solcher Gemeinschaft in der Art des Umgangs, der Weise des Sprechens, der Gegenwärtigkeit der menschlichen Wirklichkeit der Erzieher. Zweitens das Lehren und Üben dessen, was für Arbeit und Beruf Voraussetzung ist. Beides ist unerläßlich. Das erste ist Sache des Geistes der Schule, je dieser Schule, ist in persönlicher Überlieferung da, unersetzlich in jeder Einmaligkeit, nicht verstandesmäßig absichtlich zu wollen, sondern nur zu schützen und zu pflegen und zum Wachsen zu bringen, wo immer es wenigstens als Keim gegeben ist. Das zweite ist Sache der Absicht und des Planens. Hier hat ein Jahrhundert mit außerordentlichen didaktischen Verbesserungen, immer besseren Lehrbüchern, trefflicheren Übungsmethoden, vermehrter Anschaulichkeit viel erreicht.

Aber diese großen Erfolge hatten ihre Schatten. Die planbare Leistung wurde so sehr in den Vordergrund gerückt, daß die Verantwortung für den Geist des Ganzen schwächer wurde. Vor allem wurde unter dem Gesichtspunkt, was alles für das spätere Leben, als Vorbereitung zu Berufen, wissensnotwendig sei, immer mehr Stoff in den Unterricht aufgenommen, wurden die Fächer vermehrt, bis die Schule zerbrach in viele Schulen, die schon in Hinsicht auf die späteren Lebensberufe sich verschiedene Aufgaben stellten. Der Geist des Ganzen einer Überlieferung, der Glaube an Bildungsgemeinschaft kam immer weniger zur Geltung. Überall gab es den Kampf der Fächer um die Stundenzahl, die Herabsetzung der früheren Anforderungen, um der Vielfachheit zu genügen. Der Schulunterricht wurde im Planen ständig zerstreuter. Für das Gymnasium lag es einst so, daß die Kinder bis zu ihrem Schulabschluß an Unterrichtsgegenständen hatten: Griechisch und Lateinisch, Bibel und Mathematik, Geschichte und Geographie. Das war genug, das schuf wirklich eine geistige Grundlage. Alles sonstige Wissen und Können wurde außerhalb der Schule oder später erworben. Die Schule schuf intellektuell und geistig die Grundlage, die zur Aneignung alles anderen befähigte. Heute ist bis an die Universitäten und Technischen Hochschulen gedrungen: endlose Stundenzahl notwendiger Vorlesungen und Übungen, Versperrung des freien geistigen Weges des Studenten, Zerstreutheit vieler Fächer und Kenntnisse, nachher großes Wissen in Prüfungen, aber Erlahmen des ursprünglichen geistigen Lebens, Verlust der Fähigkeit zur Meditation, zur Einsamkeit und zu dem Immerdaran-Denken, das nur auf eine, nicht auf endlos viele Sachen sich richten kann. Hat der Pessimismus recht, der behauptet, daß die faktische Herrschaft der Durchschnittlichkeit die Abrichtung verlange statt freien geistigen Lebens, die Daseinsform in der Trennung des leeren Arbeitsbetriebes und des ebenso leeren Vergnügens? Oder ist es möglich, wieder der Freiheit geistig intensiven statt bloß lernhaft extensiven Lebens ihre Chance zu geben? Wenn das nicht möglich wäre, dann ginge der Weg trotz allen Sträubens gegen solche Konsequenz langsamer oder schneller zu Formen des Totalitären auf der ganzen Welt. –

Beibringen wissenschaftlicher Kenntnisse, Psychologie als Mittel richtiger Behandlung der Kinder, die Ausbildung zu einem brauchbaren Mitglied der Gesellschaft, – diese drei Beispiele sollten zeigen, wie aus rechten Ansätzen Irrungen entstehen können durch Verselbständigung des Planens und durch Verabsolutierung seiner Mittel. Was tun? Es ist die Grenze bewußt zu machen, wo die Antwort auf diese Frage nicht wieder durch eine rationale Anweisung erfolgen kann. Vielmehr muß deutlich werden, was paradoxerweise als Planen des Nichtplanens benannt wird.

Vergangenes läßt sich nicht wiederherstellen. Was wahr und wirklich ist, muß aus gegenwärtigen Impulsen kommen. Aber angesichts großer Vergangenheit kann die Aufgabe heller bewußt werden: die Gründung der Schule auf den geistigen Gehalt des geschichtlichen Menschen in der Verwandlung zu gegenwärtig lebendigem Geiste und die Führung allen bloßen Wissens und aller technischen Unentbehrlichkeit durch diesen Geist.

Solche Aufgabe aber ist nicht allein durch rationale Planung zu erfüllen. Gerade die Planung hat, selbständig geworden, die Zerstreuung hervorgebracht. Die Mittel, deren die Planung sich bediente, wurden Selbstzweck. Wissenschaftliche Kenntnisse und Leistungssteigerung wurden zum Endziel und die Psychologie zur Methode des pädagogischen Planens. So wurden die Wissenschaften, die nur ein Element der Erziehung sind, zuweilen fast wie ein Vorunterricht für spätere Forschungsberufe betrieben. Die Didaktik verabsolutierte die Leistungssteigerung in Gedächtnis und Geschicklichkeiten. Die Psychologie sah, was als psychophysischer Mechanismus und verstehbare Motivation ein Werkzeug der freien Menschen ist, als den Menschen selber. Aber man kann sagen: Selbst wo gegen Wissenschaft, Didaktik, Psychologie verfehlt wird, ist hervorragende Erziehung möglich. Wo aber der geschichtliche Geist des führenden Ganzen verletzt wird, da ist der Kern der Erziehung in Gefahr. Ein Geschichtslehrer etwa, der unkritisch seinen Herodot erzählt und noch einiges dazu erfindet, kann der Erinnerung Bilder einprägen, die Wahrheit haben und unvergeßlich bleiben, – wenn er auch im wissenschaftlichen Leichtsinn keineswegs Vorbild ist. Der ungeschickte Schulmeister, der feierlich die geheimnisvollen Buchstaben zu schreiben beibringt, erzeugt den Widerhall einer Gesinnung, die Ehrfurcht ist, – obgleich vielleicht die Forderung bleibt, daß er die Einübung didaktisch geschickter machen soll. Der unpsychologische Lehrer, der ganz an das Hohe und Gütige, an das Gemeinsame denkt, darin die Kinder auf dem Weg des Ernstes und der Bescheidung erzieht, richtet vielleicht einmal in psychologischer Blindheit (weil er von Psychopathologie nichts weiß) im individuellen Fall Unheil an – er ist darin kein Muster und zu korrigieren –, aber er lebt im Wesentlichen. Das heißt, er denkt nicht in erster Linie an die Kinder, sondern mit den Kindern an die Sache.

Nur durch die Sache kann die Strenge kommen, die anerkannt und frei ergriffen werden soll. Strenge durch Psychologie ist entweder Vergewaltigung, wie durch militärische Methoden, die nicht in die Schule gehören, oder Psychologie macht weich und gibt Raum der Willkür mit der Grenze der brutalen, weil selber mechanisch werdenden Entscheidungen des »Apparats« in Auslese, Prüfungen, psychologischen Gutachten.

Wohl kann man in der Erziehung überall nachsinnen und planen, aber wichtiger ist, die Grenzen dieses Planens einzusehen und mit Gewissenhaftigkeit einzuhalten. Die Instanz, die über der Planung steht, kann nicht selber geplant werden. Sie ist da oder nicht da. Daß sie heute noch da ist, darauf beruhen unsere Hoffnungen. Aber sie ist nicht da in der äußerlichen Greifbarkeit von Leistungen und Zahlen und Lehrplänen. Das Entscheidende geschieht durch den einzelnen Lehrer zwischen den vier Wänden seiner Klasse, wo er frei ist zu eigener Verantwortung. Da findet dann jenes wirkliche Leben statt, das den bürokratischen Planern und Reglementierern und Schulfürsten manchmal ein Greuel ist. Da ist Menschenfreundlichkeit eins mit der Verantwortung für die geistigen Gehalte. Hier bleibt trotz allen Planens ein Raum ursprünglicher Wirklichkeit. Hat der Planende sie vor Augen, so kann er nur denken, sie möglichst wenig zu stören. Ob sie da ist, das wissen im unreflektierten Bewußtsein die Kinder, das weiß der Lehrer in der Klarheit gewissenhafter Erfüllung seiner Aufgabe, wo immer ihm der gute Geist zu Hilfe kommt. Er darf die Ruhe haben, daß etwa schon durch die Lektüre der wunderbaren Texte mit seiner bescheidenen didaktischen Hilfe Keime in die Kinder gelegt werden, die ein Leben lang wachsen können.

Aus der führenden Instanz in der Persönlichkeit des Lehrers, gewaltig gesteigert durch die Gesinnungsgemeinschaft einer Schule, kommen alle Impulse, die Kraft und die Freude. Die Instanz spricht über den Kreis der Schule hinaus, von ihr mitbedingt, in jedem einzelnen Menschen. Sie spricht in der Geschichtlichkeit von Völkern, die, vermöge ihres sittlichen Grundes und ihres Glücks in den Gewaltsituationen der Geschichte, die Wirklichkeit ihres Lebens bewahrten. Man kann an diese Instanz rühren, sie ermutigen, wo sie nur leise spricht, sie zur Klarheit bringen im Miteinander. Wo sie spricht, da ist der Alltag nicht grau, da ist das geringste Tun in den Sinn aufgenommen, da ist schon das Lernen von Lesen und Schreiben und Rechnen nicht nur ein Erwerb technischer Fähigkeiten, sondern von vornherein Teilnahme am Geiste, in der Sorgfalt, die die Schönheit darin erfaßt und keine Bewegung der Hand, keine Operation des Verstandes nur äußerlich nimmt.

Wo aber Planen und Wissen, statt Mittel unter der umgreifenden Führung zu sein, unwillkürlich selber Zweck werden, da verwandelt sich Erziehung in Abrichtung, der Mensch in Funktion, kollabiert der mögliche Aufschwung des Menschen in einen Zustand bloß vitaler Lebensenergie, ein Prozeß, der erst im Totalitären seinen Sinn versteht und vollendet.

Hans Jellouschek
Ein Trennungsritual

Für kritische Lebensereignisse, wenn sie vorhersehbar sind, stehen häufig Rituale zur Verfügung. Sehr oft stammen sie aus den religiösen Traditionen, wie bei Hochzeit und Taufe. Es gibt sie aber auch in rein »weltlicher« Form, wie die zum Beispiel in Firmen üblichen Jubiläumsfeiern oder Verabschiedungen in den Ruhestand zeigen. Herausragende Wendepunkte des Lebens brauchen offenbar solche Rituale. Rituale heben die Bedeutung dieser Ereignisse heraus und stellen sie in größere Sinnzusammenhänge. Sie stellen Symbole und Formulierungen zur Verfügung, die uns ermöglichen, in Wort und Geste zum Ausdruck zu bringen, was wir spontan schwer sagen und ausdrücken können. Damit sind sie wichtige Ressourcen für die Bewältigung kritischer Lebensereignisse.

Die von unserer Kultur und Tradition bereitgestellten Rituale enthalten freilich auch deren Weltbild und deren Ideologie. Für unseren Zusammenhang bedeutet das: Die liebende Vereinigung und das treue Zusammenbleiben von Menschen werden rituell gefeiert, für das Auseinandergehen jedoch, für Trennung und Distanzierung, wenn diese auf freier Entscheidung beruhen und nicht durch das Schicksal erzwungen werden, wie im Todesfall, existieren keine Rituale. Auch der Neuanfang nach einer schweren Krise wird rituell nicht gewürdigt, weil eine solche Krise bereits dem tabuisierten Bereich angehört. Daran erkennen wir deutlich, daß Menschen, die in Beziehungsdingen in Schwierigkeiten und Unregelmäßigkeiten hineingeraten, (auch) im Hinblick auf Rituale von unserer Gesellschaft und unseren Kirchen alleingelassen werden. Darum hat sich wohl im therapeutischen Bereich in den letzten Jahren eine Tradition entwickelt, Menschen auch in solchen Situationen Rituale zur Verfügung zu stellen. Meine eigene Erfahrung zeigt, daß sie ein wichtiges Element der Krisenbewältigung darstellen können.

Wenn die Auseinandersetzung mit der Außenbeziehung dazu geführt hat, daß eine Trennung der Partner unausweichlich geworden ist, biete ich diesen ein Trennungsritual an. Dieses Ritual hat dem schwierigen Schritt in allen Fällen, in denen ich es bisher durchgeführt habe, etwas sehr Bewegendes und Versöhnliches gegeben. Freilich ist es in dieser konflikthaften Situation nicht leicht, den richtigen Zeitpunkt dafür zu finden. In der Regel ist es noch zu früh, wenn einer von beiden gerade die Entscheidung zur Trennung gefällt hat. Die emotionalen Wogen gehen zu hoch, Wut, Verletzung und Enttäuschung sind noch zu stark, vor allem auf seiten des nun endgültig »Verlassenen«. Meist braucht es zuvor den mühseligen Prozeß der Regelung der äußeren Angelegenheiten – Finanzen, elterliche Sorge, Umgangsrecht und so weiter – und eine gewisse Beruhigung in den äußeren Lebens-Situationen beider, bis die Zeit dafür gekommen ist. Vor allem aber braucht es ein gewisses Einverständnis dessen, der sich ursprünglich nicht trennen wollte. Er muß die Entscheidung des anderen nach-vollziehen und sein eigenes Ja zur Trennung geben. Denn nur wenn sie von beiden gewollt ist, kann ein Trennungs-Ritual hilfreich sein.

Bei Alf und Dorothea dauerte es ziemlich lange, bis beide so weit waren. Obwohl Alf seine Anklage-Haltung gegenüber Dorothea noch keineswegs abgelegt hatte, gelang es beiden, sich bezüglich des Umgangs mit den Kindern relativ schnell und konfliktfrei zu einigen. Die Kinder blieben beim Vater wohnen und hatten regelmäßigen Kontakt zur in der Nähe wohnenden Mutter. Insgesamt gelang es Alf – entgegen seinen ausdrücklichen Behauptungen – erstaunlich schnell, sich mit der neuen Situation zu arrangieren, und seine aufblühende berufliche Aktivität zeigte, daß die Trennung auch für ihn eine Befreiung war, obwohl er dies nie zugegeben hätte. Für Dorothea war es viel komplizierter, ihre Situation befriedigend zu regeln. Aber es gelang auch ihr nach einiger Zeit immer besser. Ihre Begabung ließ in ihr und in ihrer Umgebung sehr bald keine Zweifel mehr aufkommen, daß die Grafikerinnen-Laufbahn bei aller Mühe, welche die neue Ausbildung für sie bedeutete, der richtige Weg war. Auf ihren Wunsch hin war Alf nach langem Zögern bereit, sich dieses Trennungsritual »mal anzusehen«. Ich gab jedem von beiden folgenden Text mit nach Hause:

»...... (Anrede),
ich nehme von dir, was du mir gegeben hast. Ich werde es in Ehren halten. Es war eine ganze Menge, und ich danke dir dafür.

Für das, was schiefgegangen ist, übernehme ich meinen Teil der Verantwortung, und ich überlasse dir an deinem Teil deine Verantwortung.

Ich achte und würdige dich als Vater/Mutter unserer gemeinsamen Kinder, und ich werde, soweit es an mir liegt, weiter mit dir zu ihrem Wohl zusammenarbeiten.

Als Partnerin/Partner nehme ich Abschied von dir. Leb wohl! Geh du deinen Weg, so wie ich jetzt meinen Weg gehen werde.«

Ich bat sie, diesen Text zu überdenken. Falls sie Abänderungen wünschten, sollten diese vor dem eigentlichen Ritual miteinander festgelegt werden. Es trat eine längere Pause ein. Der Gedanke, ein solches Ritual zu vollziehen, setzte bei beiden nochmals einen intensiven Prozeß der Auseinandersetzung mit der Trennung in Gang, vor allem bei Alf, der, wie er später erzählte, nochmals durch alle Tiefen des Trauerprozesses hindurch mußte, durch Verleugnung, Wut, Anklage, bis er schließlich zu einer gewissen Akzeptanz gelangte, weil er sich mehr und mehr eingestand, daß es auch aus seiner Sicht keine realistische Alternative zur Trennung gab. Einen wirklichen Neuanfang mit seiner Frau konnte auch er sich immer weniger vorstellen. Auch gab es in äußeren Dingen, wie zum Beispiel der Ferienregelung für die Kinder, noch einige Vereinbarungen zu treffen, die sie bisher nicht beachtet hatten, die ihnen nun als regelungsbedürftig auffielen. Nach etwa drei Monaten rief Dorothea an, beide wären nun bereit, das Ritual zu vollziehen. Sie kamen zum vereinbarten Termin, und Dorothea brachte zwei graphisch gestaltete Doppelblätter mit, auf denen in feierlicher Schrift jeweils der unveränderte Text, den ich vorgeschlagen hatte, geschrieben stand. Auf ihren Wunsch hin entzündete ich eine Kerze, und nachdem die beiden kurz berichtet hatten, wie es ihnen in der Zwischenzeit ergangen war, bat ich sie, sich gegenüber zu setzen und sich, einer nach dem anderen, den Text gegenseitig vorzulesen. Das taten sie, setzten dann Datum und Unterschriften darunter und baten mich schließlich, auch zu unterschreiben – gleichsam als Zeuge des Geschehens. Das Aussprechen des Textes löste bei beiden sehr viel Trauer aus, eine Trauer ohne Anklage. Die Tränen hatten etwas Lösendes und Versöhnendes. So nahmen die beiden einen würdigen Abschied von ihren gemeinsamen Jahren. Das Verbindende war nicht zerstört und die Trennung trotzdem unzweifelhaft klar.

Ich habe mit dem vorgeschlagenen Text bisher nur gute Erfahrungen gemacht. Er ist in seinen Formulierungen so gehalten, daß die Partner darauf verzichten, nochmals Ärger und Wut aufeinander loszuwerden. In der Regel ist dies bereits zur Genüge geschehen, und weiterer Ärger setzt nur die alten destruktiven Kommunikationsmuster von neuem in Gang. Der Text betont dagegen das Nehmen und das Danken, und zwar aus folgendem Grund: Wenn Paare sich nicht trennen können, obwohl keine Fortsetzung der Beziehung mehr möglich scheint, liegt es oft daran, daß sie das Gute, das zwischen ihnen war, nicht anerkennen und voneinander nehmen können. Dieses Nicht-Nehmen ist häufig die unerledigte Angelegenheit zwischen ihnen, die sie voneinander nicht loskommen läßt. Bei aller Versöhnlichkeit definiert der Text aber auch die Trennung unmißverständlich und klar. Diese Kombination von Versöhnlichkeit und Eindeutigkeit empfinden viele Trennungspaare als wohltuendes Gegengewicht in dem Hin und Her, den Vorwürfen und Selbstzweifeln, von denen diese Situation oft belastet ist.

Wie schon erwähnt schlage ich dieses Ritual erst dann vor, wenn beide sich mit der Trennung einverstanden erklären können. Manchmal gebe ich aber auch Paaren den Text, welche die Trennung zwar als einzige Lösung sehen, aber den Mut dazu nicht haben und die Entscheidung vor sich herschieben. Die Auseinandersetzung damit gibt den nötigen Anstoß, sich doch zum Handeln zu entschließen.

Was den Inhalt des Textes angeht, so berücksichtige ich zwar Vorschläge, stelle aber die Formulierung dem Paar nicht frei. Dies wäre ein zu schwieriges Ansinnen, und die Gefahr, daß der Trennungsprozeß einen destruktiven Verlauf nimmt, wäre zu groß. In der Trennungssituation brauchen die Partner eine Vorgabe, die sie innerlich in eine konstruktive Richtung bringt, weil sie diese alleine nicht so leicht finden würden. Für mich selbst überraschend war, daß keines der Paare, mit denen ich bisher das Ritual vollzogen habe, Änderungen wünschte. Vielmehr nahmen sie den Text erleichtert an, weil sie offenbar fühlten, daß sie sich damit auf solidem Boden befanden.

Ganz ähnlich wie zwischen den Ehepartnern, die sich im Zusammenhang mit einer Dreiecksbeziehung voneinander trennen, kann ein Trennungsritual in entsprechend abgewandelter Form natürlich auch angemessen sein, wenn der/die »Untreue« und seine Geliebte/ihr Geliebter den Entschluß fassen, voneinander zu gehen. Nach der gesellschaftlichen Einschätzung von Außenbeziehungen liegt dieser Gedanke noch ferner als bei einem sich trennenden Ehepaar. Aber gemessen am menschlichen Wert und an der Bedeutung, die solche Liebesbeziehungen oft für die Beteiligten haben, braucht es dafür einen ebenso würdigen Abschluß.

Jürgen Roth
Korruption

Die Volksweisheit Europas umschreibt Korruption mit dem Satz: »Schmieren und salben hilft allenthalben.« Im »Georges«, dem bekanntesten Wörterbuch für das klassische Latein, steht unter dem Verb *corrumpere*, von dem sich Korruption herleitet: »verderben, zu Schande machen, zugrunde richten, untergraben, entehren, entstellen, verführen, verfälschen, verhunzen, verdrehen, verleiten, bestechen«. Seit dem 17. Jahrhundert bedeutet korrumpieren »verderben, verführen, verwüsten, bestechen, schmieren«. Im »Kleinen Brockhaus« aus dem Jahre 1952 steht mit hohem moralischem Anspruch: »Korruption: Sittenverderbnis, Bestechlichkeit. Wenn K. in den öffentlich verantwortlichen Schichten, besonders im Beamtentum einreißt, ist sie das Symptom einer sich auflösenden sozialen und politischen Ordnung.«

Ach, diese erhabene Moral. Wer will nicht wenigstens einen Zipfel davon für sich in Anspruch nehmen, gerade in einer kritischen Phase, in der es überzeugende politische Alternativen zur hemmungslos funktionierenden Geldwertmoral nicht mehr gibt, wer will nicht Herrschaft über andere Menschen ausüben. Korruption scheint demnach ein universelles Phänomen zu sein, das immer etwas mit Moral und ethischen Vorstellungen zu tun hat. »Die Korruption der Macht ist ein weltweit bekanntes Phänomen. Schon die alten Philosophen kannten die Versuchung der Macht. Platon wollte deshalb den Philosophen-König als Herrscher. Erst in der biblisch begründeten Apologetik im frühen Christentum aber wird die Macht im Zusammenhang mit der Erbsünde als böse beschrieben: Die Macht als solche infiziere den Menschen, und auch der beste Mensch könne ihr nicht widerstehen. Die Geschichte der Menschheit zeigt die Wahrheit dieser Erkenntnis, denn sowohl die absoluten Herrscher des Altertums als auch die Herrscher der modernen Zeit, ob sie nun als ›Macher im Kapitalismus‹ oder als Zentralsekretäre im Kommunismus die Hebel der Macht bedienen, werden früher oder später zum Opfer der Korruption der Macht.«

Auf einer Tagung der Evangelischen Akademie Bad Boll über das Thema »Korruption – eine Herausforderung für Gesellschaft und Kirche« befaßten sich die Experten bereits 1990 mit dem moralischen Problem der Korruption. Der Tagungsleiter, Pfarrer Gottfried Rothermundt, schilderte eine Szene, die das Thema für ihn schlagartig beleuchtete. Da betritt eine Frau ein Geschäft, in dem alle Regale bestens gefüllt sind. Giftbehälter stehen da mit Totenkopfetiketten. Plakate preisen Sonderangebote und Sonder-Serviceleistungen an, zum Beispiel: »Wir finanzieren ihre militärischen Investitionen – Kreditanstalt für Wiederaufbau und Bayerische Landesbank. Oder es gibt eine Abteilung für den kleinen Geldbeutel: Chemiewaffen-Beratung im Hinterzimmer. Auf dem Kittel des Ladenbesitzers prangt der Aufnäher ›Deutsche Wirtschaft‹ mit Bundesadler. Doch die Kundin, die das Geschäft betritt, äußert einen besonders exklusiven Wunsch. ›Moral‹ möchte sie. ›Ja, ja, Sie haben schon recht gehört: Moral‹. Verlegen gibt der Chef den Wunsch an das Lager weiter, und prompt kommt von dort die Antwort zurück: ›Moral ist ausverkauft, Chef! Schon seit Jahren.‹« Damit ist einiges, aber noch nicht alles über das Wesen der Korruption gesagt.

In die gleiche Kerbe wie der Pfarrer in Bad Boll schlägt Jean Ziegler, aber etwas detaillierter: »Auf der Nordhalbkugel weht ein eisiger Wind. Die neue Barbarei hat Einzug gehalten mit ihrer grenzenlosen Vergötzung des individuellen Erfolgs und eines brutalen Konkurrenzdenkens, das die Vernichtung des Schwachen durch den Starken, die Absage an jede Form von Solidarität als einen geistigen Sieg feiert.«

»Korruption ist schließlich schon lange keine national begrenzte Kriminalitätsform mehr, sondern wird – ausgelöst durch die Geschäftspraktiken multinationaler Unternehmen – international betrieben«, trägt Oberstaatsanwalt Schaupensteiner bei Vorträgen immer gerne vor.

Was heißt das alles? Korruption umfaßt viel mehr, als man es heute mit den starren Begriffen des Strafrechts zu umschreiben pflegt.

Es ist vielmehr ein gesellschaftswissenschaftlicher, politischer, ökonomischer oder populärwissenschaftlicher Begriff, weil dem Strafrecht zwangsläufig Grenzen im Kampf gegen die Korruption dadurch gesetzt sind, daß die Tatbestände wenig greifbar sind. Allerdings bietet das Strafrecht bislang zumindest ansatzweise ein Gerüst, um Bestechung verfolgen und bestrafen zu können. Daher versucht das Bundeskriminalamt, das sich seit langem mit Korruption beschäftigt, in einem seiner wöchentlichen Lageberichte wenigstens einige Begriffe über Korruption aus polizeirechtlicher Sicht klarzustellen:

»Im allgemeinen Sprachgebrauch werden darunter vor allem Delikte verstanden, bei denen Amtsträger ihre Stellung bzw. ihre Befugnisse mißbräuchlich benutzen, um sich und/oder Dritten einen Vorteil zu verschaffen. In einem weiteren Begriffsverständnis (politische Korruption) werden die persönliche Bereicherung auf Kosten der Allgemeinheit sowie die demokratisch nicht legitimierte Verfolgung von Partikularinteressen im politisch-parlamentarischen Bereich einbezogen. Als Korruption im engeren Sinne sind die Straftatbestände der §§ 331–334 StGB (Vorteilsannahme, Bestechlichkeit, Vorteilsgewährung, Bestechung) anzusehen. Oft gehen diese Straftaten einher mit Betrugs- und Untreuehandlungen oder Delikten wie der Strafvereitlung im Amt.«

Aus diesem Raster fallen jedoch wesentliche Bestimmungsmerkmale der Korruption heraus. Wie lassen sich die verborgenen Kommunikationsstrukturen zwischen den Beteiligten und die Abschottung, das Fehlen eines Opfers, einordnen?

»So wird verständlich, daß etwa Fälle der Richterbestechung im Gegensatz zu Erscheinungen der sogenannten Polizeikorruption, hier hauptsächlich auf die Vereinigten Staaten bezogen, kaum bekanntwerden.« Gleiches gilt für Finanzämter, ein riesiges Dunkelfeld der Korruption, an das sich bislang niemand heranwagt. Wie steht es um den Konflikt, in den Politiker geraten, wenn sie als Abgeordnete gleichzeitig wirtschaftliche Interessen vertreten? So unterhielt beispielsweise der Bochumer SPD-Ratsherr Helmut Spannel ein Ingenieurbüro, das unter anderem Aufträge der Stadt ausführte. Bochums einstiger Oberbürgermeister wiederum besitzt ein Sanitärunternehmen, das die städtischen Restaurants im Stadtpark mit Sanitäreinrichtungen ausgestattet haben soll.

Hat es etwas zu bedeuten, wenn eine landeseigene Liegenschaft ohne Not zu einem geringeren als dem marktüblichen Preis an eine Firma verkauft wurde? Das geschah im Jahr 1988 in Hessen. Verkauft wurde die Liegenschaft an eine Firma, die zur Gruppe des Frankfurter Rechtsanwalts Dieter Bock gehört. Die Investitionsgruppe erhielt den Zuschlag, obwohl ein holländisches Unternehmen fünf Millionen Mark mehr geboten hatte. Und die hessische Finanzgruppe, die den Zuschlag erhielt, stellte im Frühjahr 1991 einen neuen Generalbevollmächtigten ein: den ehemaligen Staatssekretär im Wiesbadener Finanzministerium, der den Minus-Deal eingefädelt hatte.

Korruption in Deutschland ist auch ein Synonym für hemmungslosen Machtrausch, in dem andere, die im Wege stehen, mit allen Mitteln vernichtet werden. Das dokumentieren die ach so weit entfernten »italienischen Erfahrungen«.

Die große Korruption – das ist der Mißbrauch öffentlicher Macht für privaten Nutzen. Dieses Verhalten meint Hans-Ludwig Zachert (damals Präsident des Bundeskriminalamtes), wenn er über die Ursachen dieser Korruption spricht: »Der Aufbau einer Machtposition, Schaffung von Abhängigkeitsverhältnissen, die nachhaltig die Durchsetzung von Interessen sicherstellen.«

Die jüngsten Beispiele über die Versuche, die ARD zu zerschlagen, demonstrieren ein Verhalten, das, wenn auch nicht im juristischen Sinn, durch und durch korrupte Züge hat. Denn in Wirklichkeit geht es um die offene Förderung kapitalstarker Privatsender, die bereits ein Monopol besitzen. Sie dienen propagandistisch der CDU/CSU, bremsen jegliche politische Aufklärung, und dafür bedanken sich Politiker, indem sie die manchmal kritische und daher mißliebige ARD nach Möglichkeit ausschalten. Da ist man wieder bei Italien. Ein Medienmogul wie Silvio Berlusconi, der seine Macht durch Unterstützung korrupter Politiker zementieren konnte, wurde sogar Ministerpräsident. Und Deutschland? Das Kirch-Imperium samt Fernsehstationen und Printmedien unterstützt ganz offen Bundeskanzler Helmut Kohl. Der Unterschied, so hat der eher zögerliche SPD-Vorsitzende Rudolf Scharping erkannt, ist der, daß Leo Kirch nicht Bundeskanzler werden will. »Es ist doch für ihn viel komfortabler, wenn er sich einen halten kann.«

Der Spielraum für Interpretationen dessen, was alles unter dem Begriff Korruption zu verstehen ist, scheint demnach unendlich größer als die banale Fixierung auf den kleinen Angestellten oder

Beamten, der sich bestechen läßt und dessen Gegenleistung darin besteht, daß er beispielsweise Genehmigungen schneller bearbeitet, sich seinen Ermessensspielraum bezahlen läßt, Gesetze bricht.

Aber wann entsteht eigentlich Korruption? Viele Erklärungsmuster müssen herhalten. Wenn es um die Menschen im bürokratischen Apparat des Staates geht, scheint alles einfach zu sein: Private finanzkräftige Interessen stoßen auf willige Beamte oder Angestellte, die sich der Magie des schmutzigen Geldes nicht entziehen können oder wollen. Übersteigertes Geltungsbedürfnis, unangemessener Lebensstandard, Überschuldung sind die Schwächen, die sich die Korrumpierenden hemmungslos zunutze machen. Immerhin erkennt man inzwischen, daß es dabei nicht um individuelles Fehlverhalten geht, sondern daß Korruption in das herrschende gesellschaftliche und politische Klima eingebettet ist. Gerne spricht man dann von einer Verabsolutierung von Eigeninteressen, dem Verlust an Gemeinwohlorientierung und staatsbürgerlicher Verantwortung, insbesondere innerhalb der potenten wirtschaftlichen Elite, und einem allgemeinen Schwinden des Rechtsbewußtseins. Allerdings fragt sich mancher, an was es denn liegt, daß beispielsweise dieses »Rechtsbewußtsein« verschwunden ist. Vielleicht daran, daß das abstrakte Recht so häufig hin und her gebogen wird? Korruption gedeiht ganz sicher in einem sozialen Milieu, in dem sich allgemeine wirtschaftliche und ökologische Zukunftsängste mit den exzessiven Erwartungen auf wirtschaftlichen Erfolg wechselseitig bedingen. Denn lebenswert ist in dieser Gesellschaft nur ein Leben im Erfolg. Diese zynische Einstellung wiederum hat etwas mit einer »Veränderung in der individuellen Werteskala« zu tun, wobei die Bereicherung auf Kosten anderer kaum noch als verwerflich angesehen wird. Verlust der Vorbildfunktion bei den Vorgesetzten verbreitet die Meinung: »Wenn die da oben korrupt sind, kann ich es auch sein«, definiert Staatsanwalt Binnewies eines der Motive für die stetige Zunahme von bekanntgewordenen Korruptionsfällen. Andere sprechen vom politischen Werteverfall, vom »Frankfurter Treibhauseffekt«.

Darunter versteht man, daß die sich verschärfende Konkurrenz auf dem heiß umkämpften Markt städtischer oder staatlicher Aufträge beispielsweise in zunehmendem Maße die Risikobereitschaft und Gewinnerwartung erhöht, daß die traditionelle Geschäfts-

und Konkurrenzmoral von skrupellosen Unternehmen in bestimmten Branchen zerstört und kartellartige Absprachen gefördert werden. In Frankfurt wurde dieses System exemplarisch vorexerziert und verlieh ihm seinen Namen.

Korruption entsteht nicht abstrakt, wenn korrumpierbare Verwaltungsangehörige auf finanzkräftige Interessen stoßen oder Unternehmer ihre Profitstrategie mit Hilfe korrupter Beamter durchsetzen. Natürlich spielt eine wesentliche Rolle, daß es erhebliche Einkommensunterschiede zwischen Verwaltung und Wirtschaft gibt, die dann bedeutsam werden, wenn schlechtbezahlte Verwaltungsangehörige Zugang zu Milieus finden, in denen Aufstiegsorientierungen und die demonstrative Zurschaustellung von Reichtum vorherrschen. Und das gilt ja derzeit als notwendiges ethisches und moralisches Gerüst, um in dieser Gesellschaft anerkannt zu werden.

Sybil Gräfin Schönfeldt

Ordnung und Bauklötze

Nun also ein Wort zur Ordnung, einem Begriff, der in den letzten Jahren so gebeutelt worden ist, daß man schon deshalb darüber nachdenken sollte.

Mein Vater war ordentlich. Er legte seine Hemden zu einem schönen, gleichförmigen Stapel so aufeinander, daß Kante auf Kante kam. Der Grund war praktischer Natur. Er wollte erstens den raschen Überblick haben und zweitens sicher sein, daß er ein glattes unverwurschteltes Hemd erwischte, wenn es ihn ausgerechnet nach dem untersten des Stapels gelüstete.

Mir wurde im Reichsarbeitsdienst eine ähnliche Ordnung anbefohlen: Jeder Artikel hatte, gefaltet, seine Sollbreite, und wenn etwa eine einzige Schürze 29 cm statt 30 cm breit gefaltet und gestapelt worden war, riß die Führerin beim Spindappell alles aus den Fächern, und man kniete stumm auf den Boden und las alles wieder auf und faltete es neu. Ordnung als Vorwand für Schikane.

Meine Großtante war ordentlich, weil sie den Anblick schön versorgter Dinge liebte. Es machte ihr Freude, den Wäscheschrank zu öffnen, der dann den Duft des Lavendels entließ. Lavendelsäckchen, aus Stoffresten genäht, lagen auf den Kopfkissen und Bettlaken, die Fächer waren mit Blümchenpapier ausgeschlagen, und alle Farben klangen zu einem Bild zusammen.

Mein Sohn war ordentlich, weil er auf Klassen- und Paddelfahrten so viele Dinge brauchte und auch zur Not im dunklen Zelt an Klebepflaster oder seine Taschenlampe kommen wollte, ohne lange kramen zu müssen. So gab er jedem Ding in den acht oder zehn Seiten- und Außentaschen seines Rucksacks immer denselben Platz, zuoberst Kompaß und Streichhölzer, drunter die Ersatzbrille, auf gleicher Höhe, andere Seite, Schweizer Messer und Kartenspiel, na, und so weiter. Keiner hatte ihm aufgetragen, »an alles zu denken«. Er hatte sich selber im Kopf seinen Plan gemacht und seine Fahrtenordnung geschaffen. »Wie kann ein Junge nur so ordentlich sein, der zu Hause immer ein Chaos hinterläßt?« sagte seine Großmutter, als sie zum erstenmal so einen Ferienrucksack sah.

Sie dachte wohl daran, wie das Kinderzimmer ausgesehen hat, wenn die Kinder darin spielten: Dort stand ein ehemaliger Schreibtisch meiner Großmutter, die Platte dick mit Tüchern vermummelt als Wickeltisch, die Schubladen aber und die Züge hinter den Türen nun als Spielzeugschrank eingerichtet. In den Laden lagen Klötze und Würfel und Bausteine, in den Zügen schliefen Hasen, Bären, Kasperpuppen und Kater zwischen Krimskrams und Puppenkissen. Ein Großtanten-Paket mit Döschen und Dosen stand unter dem Schreibtisch. Das Zimmer war groß und hatte einen blanken Dielenboden, und wenn mein Ältester, vielleicht eineinhalb Jahre alt, aufwachte, krabbelte er aus dem Bett und begann mit dem Eifer eines Akkordarbeiters, alles aus Laden und Zügen zu räumen und auf dem Fußboden zu verteilen. Wenn der Schreibtisch bis zum letzten Fitzelchen leer war, begann die Feinarbeit. Die Sachen wurden hin- und hergeräumt, verschoben, gestapelt und gerollt, und dann kamen die Schachteln und Schächtelchen und Dosen an die Reihe, wurden zügig, aber ohne Hast auseinandergezogen und nach des Kindes unerforschlichen Plan zu den anderen Dingen geordnet. Störungen wie Frühstück oder Topf ließ er stumm über sich ergehen, strampelte sich aber, wenn er wieder zu Kräften gekommen war, energisch frei und arbeitete weiter. Gegen Mittag war er zerrauft und erschöpft, aber offensichtlich zufrieden und verlor jegliches Interesse an seinem Werk. Anderthalb Jahrzehnte später fragte dieser Junge: »Was ist der Sinn des Lebens? Ich muß es wissen! Wie soll ich mich sonst entscheiden? Wie kann ich mich sonst entscheiden?«

Er hatte die Antwort auf seine Frage gekannt, als er noch durch seine Tage krabbelte. Er hatte seinen Sachen, seinem Dasein, Sinn verliehen. Ich weiß nicht, was für ein Sinn das war, und er hatte es vergessen. Hätte ich es ihm nun sagen müssen? Hätte ich das gekonnt? Jetzt sitzt die nächste Generation zu meinen Füßen, krabbelt durch die Stuben, hebt das mit Vorbedacht in den Weg gelegte Glöckchen auf und läßt es klingeln und strahlt über den feinen zarten Ton.

Diese kleine Hand, diese weiche Wange, dieser wirklich strahlende Blick, dieses Vertrauen, mit dem er sich auf mich richtet und auf die ganze Welt, weil bisher alles gut war und auch von mir nur Gutes zu erwarten war, so etwas wie ein Glöckchen, das klingt, oder eine Wackelente, die läuft, oder ein Bilderbuch, das so groß ist wie ein Stübchen.

Was hat die Großmutter für einen Sinn? Sie muß sich daran erinnern, wie die eigenen Kinder waren, was sie mochten, worüber sie damals gestrahlt haben. Als die Großmutter noch Mutter war, hielt sie das Erziehen für ihre Pflicht und zog ihre Kinder durch die Tage auf dieses Ziel zu.

Als Großmutter sind ihr Ziele im Vergleich mit dem Kind gleichgültiger. Sie hat erfahren, wie wenig das bewirkt, was wir als Erziehung bezeichnen: die Pläne nach Entwicklungsabschnitten, die Förderprogramme, die Methoden. Sie empfindet es nicht als Pflicht, sondern als Geschenk, sich nun ganz auf das Kind konzentrieren zu können. Und so richtet sie die Truhe mit den alten Tüchern und Hüten zum Verkleiden ein, räumt in den Bücherborden die unteren Reihen um: Bilderbücher in Reichweite der Kinderhand. Sie räumt Gefährliches aus dem Wege, verschließt manche Schränke und Kommoden, besonders in der Küche, damit es keine Scherben, keine Schnitte, kein Lutschen und Kauen an gefährlichen Gegenständen gibt. Sie geht nachdenklich durchs ganze Haus, die ganze Wohnung und erinnert sich an früher und räumt um. Sie schafft sich eine andere Ordnung, schafft sich und dem Enkelkind wieder eine neue, die dem alten und dem jungen Menschen angemessen ist. Sie stellt vielleicht »die Wohnung auf den Kopf«, stellt ihr Leben auf den Kopf, wie ihre Freunde mißbilligend bemerken, aber sie macht dem Kind auf die einzige Art und Weise klar, was Ordnung ist: Sie erklärt sie nicht. Sie stellt sie dar, lebt sie vor, macht sie durch die tägliche Wiederholung so begreiflich wie ein Bild.

Ordnung ist ein Reizwort geworden: »Law and order«, Gesetz und Ordnung wurden in den achtziger Jahren die Symbole für das, was man verwarf, weil vermufft, erstarrt, unterdrückerisch. Der Mächtige, gleich ob in Staat oder Kinderzimmer, kann auf Ordnung beharren, auf seiner Ordnung, und das nimmt dem Ordnungsopfer nicht nur die eigene Entscheidung über Lebenswert und Lebensstil, es macht sie durchsichtig, verplanbar und nimmt ihnen die Individualität.

Ordnung und Autorität: Wer seine Ordnung aufgerichtet hat, kann Gehorsam und Achtung verlangen, ist eine Autorität. *Aucto-*

ritas, das ist im Lateinischen das Wort für Bürgschaft und Sicherheit, für ein Beispiel, ein Muster, und für Unerschrockenheit, Besonnenheit, sittlichen Ernst, würdevolle Haltung samt der Würde selbst, also Ansehen, Einfluß, Bedeutung, Selbstgefühl und Entschlossenheit.

Das sind viele Wörter und Begriffe, und alle wurzeln im Wort *auctor*. Das ist der Mehrer und Förderer, der Anstifter, Begründer und Ratgeber. Der Gewährsmann, der Meister und Lehrer, auch der Zeuge oder Wortführer.

Manchmal ist es gut, nach dem Wörterbuch zu greifen und sich wieder zu vergewissern, was ein umstrittener Begriff im Grunde bedeutet, auch einer, der plötzlich in Mode geraten und so verzerrt worden ist, daß man eigentlich gar nicht mehr um ihn streiten kann.

Die Erklärungen zur Autorität stammen aus einem lateinisch-deutschen Schullexikon, und wenn man über die einzelnen Wörter nachdenkt, so erkennt man rasch, daß ein Streit nur um den Inhalt ausbrechen kann, der der Lehre, dem Meister ein falsches Ziel verleiht. Eine würdevolle Haltung konnte auch der Aufseher eines KZs angenommen haben, und ohne Macht kommt die nur angemaßte Autorität nicht aus.

Das Nachschlagen im Wörterbuch tut erst recht dem Worte Ordnung gut. Seine Quelle ist das lateinische Wort *ordo*, das ursprünglich die Fadenreihe eines Gewebes bezeichnete. Ein technischer Ausdruck also, dessen Sinn bald auf das überging, was ähnlich gleichmäßig in einer Reihe war: die Sitzplätze im Theater zum Beispiel, die Ruderbänke im Schiff, die militärische Ordnung einer Reihe – in Reih und Glied stehen. Und von dort ist es nicht weit zu den höheren und politischen Ordnungen eines Standes oder einer Klasse, eines Ranges oder Mönchsordens.

Ordo vitae, die Lebensordnung, ist das Äußerste, was dieses Wort für den einzelnen bedeuten kann, während die Lehre von der Ordnung der Welt seit alters her zu den Gottesbeweisen gehört. Sokrates schließt von der Zweckmäßigkeit und Ordnung der Welt auf ihren allweisen Baumeister.

Ein großes Wort also, zu groß für ein Kind?

Die Ordnung begann in der Hütte, am Webstuhl, bei den Kettfäden, die gleichmäßig gespannt sein müssen, damit das Schiffchen leicht und auch wieder gleichmäßig zwischen ihnen hin- und herfahren kann, damit etwas entsteht: ein Stück Stoff. Die Kinder des Hauses haben vermutlich zugeschaut, sowie sie sehen und krabbeln konnten, haben sicher bald geholfen, die Wolle zu wickeln, die Farben zu ordnen, die Stein-Gewichte an die Fäden zu knüpfen. Sie haben ein Sinnbild entstehen sehen, denn das menschliche Leben wird gern mit den gleichen Bildern beschrieben, das fertige Stück Stoff ist das Leben selbst, das Lebenswerk, das auf der Ordnung aller Fäden beruht.

Was kann man mehr dazu sagen? Im Bild vom Webstuhl der Zeit ist auch Glück und Geißel enthalten: Das Weben kann ebenso eine leidige Fron werden wie eine Herausforderung aller gestalterischen Kräfte.

Doch um vom Erhabenen wieder zum Alltag zurückzukommen: Ohne Ordnung könnte ich, weil alt, und ein Kind, weil jung, gar nicht zurechtkommen. Ich brauche die Ordnung meiner Bücher und Bleistifte und Küchenmesser und Medizinflaschen gegen die simple Vergeßlichkeit. Nur was ich so wie mein Sohn in seinem Rucksack im Dunkeln orten könnte, das finde ich auf den ersten Griff. Unordnung verursacht unnötige und demütigende Sucherei.

Das Kind braucht seine Ordnung, damit es sich in unseren Ordnungen zurechtfinden kann. Wir müssen ihm Ordnung schaffen, weil wir ohne zu zögern von ihm verlangen, daß es auf unsere Art und Weise in unserer Welt lebt. Was ist das, wenn man darüber nachdenkt, für ein unverfrorener Anspruch! Es geschieht uns nur recht, daß uns Geduld abgefordert wird, um einem hilflosen Fremdling das als Ordnung zu empfehlen, was ihm sicher als heilloser Wirrwarr erscheint. Erscheint?

Das wäre das Beste an der gemeinsamen Annäherung an Ordnung: Daß wir Alten dabei gleichzeitig Großreinemachen veranstalten und uns von altem Gerümpel trennen, von Gedanken, Vorstellungen und Vorurteilen, um es den Kindern leichter zu machen, um uns aber auch selber zu erleichtern. Wer alt geworden ist, kann es sich wieder leisten, auf alle möglichen Rüschen und Eitelkeiten zu verzichten. Und wie gut, wenn es wahrnehmbar wird: Klarheit der Lebensordnung macht es dem Kinde leichter, das zu erkennen, was wirklich sinnvoll ist.

III. BILANZ – ERFAHRUNGEN UND LERNPROZESSE

Bernhard vom Brocke

Eine vertane Gelegenheit

Die gegenwärtige Situation der Wissenschaftsgeschichte in Deutschland ist von widersprüchlichen Tendenzen gekennzeichnet. Auf der einen Seite hat sie als Medizin-, naturwissenschaftliche Disziplin- und Technikgeschichte und Teil einer soziologisch dominierten Wissenschaftsforschung einen festen Platz an den Hochschulen und außeruniversitären Forschungseinrichtungen gefunden. Auf der anderen Seite ist es bis heute nicht gelungen, die Disziplin als Allgemeine Wissenschaftsgeschichte im Rahmen der Fachhistorie zu verankern.

Das Problem wird zwar gesehen, aufwendige Kolloquien, teure Gesprächsrunden mit prominenten Historikern, Publizisten und Naturwissenschaftshistorikern des In- und Auslandes wurden 1987 veranstaltet, Gespräche zwischen dem Berliner Wissenschaftssenator und dem Präsidenten der Max-Planck-Gesellschaft »über die Möglichkeit geführt, der Wissenschaftsgeschichte unter Berücksichtigung der Philosophie, der Sozial- und Geschichtswissenschaften in Berlin einen wie immer gearteten institutionellen Rahmen zu geben« und die Berliner Ressourcen einzubringen. Aber die Ergebnisse waren eher dürftig: Entweder fehlten die überzeugenden Wissenschaftshistoriker, die ein Konzept anzubieten haben und zu arbeiten bereit sind, oder es mangelte an den von ihnen überzeugten und durchsetzungskräftigen Politikern. Kein einziger Lehrstuhl, kein Institut wurde errichtet. Herausgekommen ist der Berliner »Verbund für Wissenschaftsgeschichte e. V.«, eine »preiswerte« Koordinationsstelle mit politischer Feigenblattfunktion.

Die Notwendigkeit einer institutionellen Verankerung der »Allgemeinen Wissenschaftsgeschichte« wird zwar mehr und mehr erkannt, das Forschungspotential, das die ehemalige DDR in die gesamtdeutsche Wissenschaftsgeschichtslandschaft einzubringen vermochte, hingegen verschleudert oder, wo es in stark reduzierter Form erhalten bleibt, nach dem Muster westdeutscher disziplinhistorischer Einrichtungen umstrukturiert. Trotz des Appells, den im November 1990 das Deutsche Nationalkomitee der Internationalen Union für Geschichte und Philosophie der Wissenschaften und die westdeutschen wissenschaftshistorischen Verbände an die Wissenschaftsminister der Länder und des Bundes, den Wissenschaftsrat, den Bundesaußenminister und alle Institutionen zur Wissenschaftsförderung, die Deutsche Forschungsgemeinschaft sowie die größeren und kleineren Stiftungen gerichtet haben, »den Bestand an leistungsfähigen Forschungseinrichtungen der Wissenschaftsgeschichte in den neuen Bundesländern einschließlich Berlins nicht leichtfertig aufs Spiel zu setzen und den Ausbau dieser zentralen historischen Disziplinen in der gesamten Bundesrepublik weiter zu unterstützen«, haben »kurzsichtige pragmatische oder finanzielle Gründe« die Oberhand gewonnen. Die Mahnung verhallte ungehört, »die aus der deutschen Einigung resultierende Entwicklungschance für die wissenschaftshistorische Arbeit« zu ergreifen.

Auch die Empfehlungen des Wissenschaftsrats vom 5.7.1991, angesichts des »kontinuierlichen Abbaus der Wissenschaftsgeschichte« in den alten Bundesländern in den vergangenen Jahrzehnten, wovon nur die Medizingeschichte verschont geblieben sei, »bei der Reform der wissenschaftlichen Einrichtungen der ehemaligen DDR« die starke Stellung des Faches an den dortigen Universitäten und Akademieinstituten »als eine wissenschaftliche Chance für die Wissenschaftsgeschichte in ganz Deutschland« wahrzunehmen, das »beachtliche Potential für einen wünschenswerten institutionellen Ausbau der Wissenschaftsgeschichte, Wissenschaftstheorie und Wissenschaftsforschung in Deutschland« zu nutzen, konkret ein »Zentrum für Wissenschaftsgeschichte und Wissenschaftstheorie (unter Einschluß der Wissenschaftsforschung)« in Berlin zu errichten und mit der institutionellen Angliederung an die Max-Planck-Gesellschaft frühere Pläne wieder aufzugreifen, haben bisher zu keinem befriedigenden Ergebnis geführt.

Für die allgemeine, das heißt fächerübergreifende Wissenschaftsgeschichte gibt es nach wie vor bisher weder Lehrstühle noch Institute. Für sie fühlen sich in den alten Bundesländern noch immer keine Fakultät und kein Fachbereich zuständig. Und die vergleichsweise gut ausgebaute Wissenschaftsgeschichte in der ehemaligen DDR wurde »abgewickelt«, das heißt demontiert. Sie bleibt in stark reduzierter Form als Geschichte der Naturwissenschaften in Jena, als Medizin- und Naturwissenschaftsgeschichte am Karl-Sudhoff-Institut in Leipzig, als Technikgeschichte und Geschichte der Technikwissenschaften in Dresden, als Wissenschafts-, Technik- und Hochschulgeschichte in Chemnitz und als Wissenschafts- und Technikgeschichte in Freiberg erhalten. Ihre Institutionen in Halle, Rostock und Greifswald, an den nichtuniversitären Hochschulen und an der Akademie sind tot. Wo sie wie in Halle, Greifswald, Merseburg oder Ilmenau in den Sektionen für Marxismus-Leninismus verankert waren, fielen sie deren Auflösung zum Opfer.

Der *Bereich Wissenschaftsgeschichte* an der Humboldt-Universität mit zuletzt elf wissenschaftlichen Mitarbeitern für allgemeine Wissenschaftsgeschichte, Geschichte der Mathematik, Chemie, Biologie, Geographie/Geologie, Philosophie, Psychologie, Agrarwissenschaften und der Universitätsgeschichte wurde mit der Sektion *Wissenschaftstheorie und Wissenschaftsorganisation* aufgelöst. Nur der *Lehrstuhl für Wissenschaftsgeschichte* konnte nach der »Abwicklung« seines Begründers für den Fachbereich Geschichtswissenschaft gerettet werden. Die dem Wissenschaftssenator vorgelegte Liste verkörperte jedoch mehr einen »Gemischtwarenladen« (Biologie-, Kultur-, Medizinhistoriker) als eine klare Konzeption. Der Ruf erging zunächst an einen amerikanischen Biologiehistoriker, und er wurde erst nach dessen Forderung einer Doppelprofessur in Stanford und Berlin an einen wissenschaftshistorisch arbeitenden Historiker weitergegeben.

Auch der von Hubert Laitko geleitete *Bereich Wissenschaftsgeschichte* am Akademie-Institut für Theorie, Geschichte und Organisation der Wissenschaft, der zwölf Wissenschaftshistoriker mit den Arbeitsgebieten Genese wissenschaftlicher Disziplinen, Geschichte der institutionellen Strukturen der Wissenschaft, Entwicklung regionaler Wissenschaftskomplexe, Geschichte der antiken Naturwissenschaft, der Mathematik, Physik, Chemie, physikalischen Chemie, Geo- und Kosmoswissenschaften, Ingenieurwissenschaften, Medizin und der deutsch-sowjetischen Wissenschaftsbeziehungen umfaßte, verfiel mit dem Institut der Auflösung, trotz positiver Evaluierung und Empfehlung des Wissenschaftsrats, aufgrund überzeugender Leistungen und vielversprechender Projekte »die Gruppe mit insgesamt 6 Stellen in den neu geschaffenen Forschungsverband ›Wissenschaftsgeschichte‹ Berlin zu integrieren und weiter zu fördern«.

Um Wege aus diesem nach der »Wende« sich abzeichnenden Dilemma zu finden, hat sich zum Beispiel im Januar 1990 in Hannover in Verbindung mit dem von Manfred Heinemann 1981 an der Universität Hannover begründeten »Forschungsschwerpunkt Zeitgeschichte von Bildung und Wissenschaft« ein »Arbeitskreis zur deutschen Bildungs- und Wissenschaftsgeschichte« konstituiert, dem ca. 70 Bildungs- und Wissenschaftshistoriker aus den alten und neuen Bundesländern angehören.

Auch der 1988 in West-Berlin gegründete »Verbund für Wissenschaftsgeschichte e. V.«, mit dem ehrgeizigen Ziel, »die Aktivitäten der Berliner Universitäten und Forschungseinrichtungen auf dem Gebiete der Wissenschaftsgeschichte zusammenzuführen und durch Bildung projektbezogener, multidisziplinärer Arbeitsgruppen die Zusammenarbeit zwischen Forschergruppen in Berlin und solchen in der Bundesrepublik und des Auslands zu fördern, den Austausch mit Nachbardisziplinen zu intensivieren und die Arbeits- und Ausbildungssituation des wissenschaftlichen Nachwuchses zu verbessern«, bemühte sich pflichtgemäß um eine Zusammenarbeit mit der Ost-Berliner Wissenschaftsgeschichte. Als preiswerte Koordinationsstelle erfüllt der Verbund jedoch mehr die Funktion eines politischen Feigenblatts für den West-Berliner Mangel an wissenschaftshistorischen Lehrstühlen und Instituten, als daß er Mittel, Stellen und Möglichkeiten besäße, die Auflösung der Institute im Ostteil der Stadt auch nur partiell aufzufangen.

Man kann sehr wohl die Frage stellen, ob sich eine Industriegesellschaft den hohen Luxus spezialisierter Forschung leisten kann, leisten soll, der an den überdimensionierten Forschungseinrichtungen der DDR auf Kosten des gesamten Gesellschaftssystems geleistet wurde und den Einsturz des »Systems DDR« mitverursacht hat. Für die Entwicklung der Wissenschaftsgeschichte in Deutschland, die an den Großinstituten der DDR oft nur das – wenn auch am meisten durch Leistungen überzeugende – Anhängsel bildete, bedeutet die Auflösung ihrer institutionellen Träger in den neuen Bundesländern einen empfindlichen Rückschlag.

Versuche und Pläne einer Fortführung der Institute in Ost-Berlin und Rostock in der Rechtsform privater eingetragener Vereine zeugen von dem ungebrochenen Selbstbehauptungswillen der Betroffenen. So sehr Skepsis sich aufdrängt, immerhin hat der »Konstanzer Arbeitskreis für mittelalterliche Geschichte«, die Schöpfung des großdeutschen Historikers und prominentesten Opfers eines der wenigen »Abwicklungsfälle« der deutschen Geschichtswissenschaft nach 1945, Theodor Mayer (1883–1972), gezeigt, daß »Mißgunst, Neid und Rachegefühle mächtige Antriebe wissenschaftlicher Produktivität« sein können. »Wer weiß, was abgewickelte und zurückgesetzte Forscher aus der alten DDR uns noch vorlegen werden. Die Niederlage zwingt zur radikalen Reflexion, der verletzte Stolz könnte Arbeitswut entfesseln«, lautete das Resumé von Gustav Seibt in der FAZ.

Der auf Dauer gesehen einzig sinnvollen stellenmäßigen Verankerung der *Allgemeinen Wissenschaftsgeschichte* im Rahmen der Universitäten oder Akademien scheinen nach wie vor unüberbrückbare Schranken entgegengesetzt zu sein, ebenso wie der seit 1968 wiederholt geforderten Gründung eines »Max-Planck-Instituts für Wissenschaftsgeschichte«. Die vor einem halben Jahrhundert entwickelte Idee eines »Instituts für Internationale Wissenschaftsgeschichte« 1951 in Bremen eilte wie vor 100 Jahren das Rankesche Unternehmen der Zeit weit voraus. Die »Denkschrift zur Errichtung eines [Max-Planck-]Instituts für Wissenschaftsgeschichte und Wissenschaftsforschung«, die 1969 von den Initiatoren der Gesellschaft für Wissenschaftsgeschichte um Rothschuh in Münster ausging, blieb ohne Folgen. Sie ist damals über Erörterungen in der Geisteswissenschaftlichen Sektion des Wissenschaftlichen Rates der Max-Planck-Gesellschaft nicht hinausgelangt und dann dem 1970 eröffneten, inzwischen wieder aufgelösten »Max-Planck-Institut zur Erforschung der Lebensbedingungen der wissenschaftlich-technischen Welt« in Starnberg zum Opfer gefallen.

Spätestens heute jedoch sollten die Chancen, die uns die deutsche Vereinigung und die Öffnung der für die wissenschaftsgeschichtliche Forschung zentralen Archive in Berlin, Potsdam, Dresden, Halle und früher Merseburg bieten, für den Ausbau bestehender Institute und den Aufbau eines Max-Planck-Instituts in enger Verbindung mit der allgemeinen Geschichte genutzt werden – unter Rückgriff auf die wissenschaftshistorischen Einrichtungen und das Forscherpotential in den neuen Bundesländern. Die Forscher stehen bereit, aber die Institute fehlen. Die unterschiedlichen Denkstile, jetzt ideologischer Dogmen entkleidet, könnten für beide Seiten produktiv sein und zu neuen Fragestellungen und Denkansätzen führen.

Der vor diesem Hintergrund begrüßenswerte Senatsbeschluß der Max-Planck-Gesellschaft vom 19. März 1993, »in den neuen Bundesländern ein ›Max-Planck-Institut für Wissenschaftsgeschichte‹ zu gründen«, sobald die Finanzierung sichergestellt ist, erscheint leider für den weiteren Ausbau des Faches in Deutschland wenig hilfreich. Zwar ist das Institut inzwischen eröffnet worden, aber bei seiner Konstruktion ist es nicht gelungen, aus den Fehlern der Vergangenheit zu lernen. Im Gegenteil! Man hat sich bei der Planung mehr von philosophischer und weniger von historischer Seite beraten lassen und es so fertiggebracht, ein »Institut für historische Wissenschaftsforschung« oder »historische Epistemologie« ohne Wissenschaftshistoriker auf die Beine zu stellen. Wissenschaftsgeschichte, die diesen Namen verdient, findet hierin kaum statt, und wenn die Max-Planck-Gesellschaft zur Begründung schreibt, »thematisch soll sich das neue [mit 25 Stellen für Wissenschaftler ausgestattete] Institut auf eine an systematischen Fragestellungen orientierte und theoretisch angeleitete Wissenschaftsgeschichte konzentrieren«, also auf »Wissenschaftsgeschichte in theoretischer Absicht«, wie es in der Denkschrift eines der Initiatoren, des Göttinger Philosophen und Gründungsdirektors Lorenz Krüger, vom 4. Mai 1992 heißt, so legt sie fest, daß die Wissenschaftsgeschichte auf Epistemologie oder metahistorische Erforschung naturwissenschaftlicher Erkenntnisgewinnung verkürzt werden soll. Eine solche Einschränkung ist zum einen beschämend für eine Gesellschaft, die als Kaiser-Wilhelm-Gesellschaft gerade zu dem Zweck gegründet worden war, Grundlagenforschung auf Gebieten zu fördern, die von den Universitäten »nicht oder nicht in genügender Weise berücksichtigt werden können« (Harnack 1907). Sie ist zum anderen unwürdig für Berlin, der Stadt, in der 1938 die Kernspaltung entdeckt wurde, in der man zur gleichen Zeit Rassehygiene »wissenschaftlich« untermauerte und vieles mehr unmenschlich erforschte, was bis jetzt verschlossen in den Archiven ruht.

»Sowohl die biographische Forschung als auch die Untersuchung der historischen Entwicklung von einzelnen Disziplinen, Institutionen und Ideen in der Wissenschaft wird in Deutschland an vielen Universitäten betrieben«, lautet die von keiner Kenntnis der wirklichen Zustände getrübte Rechtfertigung des Ausschlusses der Wissenschaftsgeschichte in der Presseinformation der Max-Planck-Gesellschaft vom 25. März 1993. Nur ist mit Etikettenschwindel der Wissenschaftsgeschichte nicht gedient. »Selten hat wohl eine Organisation verantwortungsloser gehandelt – eine Vereinigung, die mit der speziellen Maßgabe angetreten ist, nicht nur der reinen Forschung zu huldigen, sondern der Wirtschaft zu dienen und für die nationalen Interessen tätig zu werden«, kommentierte Ernst Peter Fischer diesen Beschluß im »Mannheimer Forum/Neue Horizonte« 94/95. Hoffentlich erleidet das Institut mit dieser Konzeption nicht das gleiche Schicksal wie sein Vorläufer, das »Institut für Theorie und Organisation der Wissenschaft« (*ITW*), dem wir bleibende Leistungen erst durch den Hinzutritt der Wissenschaftshistoriker verdanken.

Nur noch im Teamwork läßt sich heute Hochschul- und Wissenschaftsgeschichte, die über die üblichen Nabelschauen aus Anlaß von Jubiläen hinausgeht, schreiben, läßt sich die fächerübergreifende Auswertung der Akten der deutschen Kultus- und Finanzverwaltungen, der Forschungs- und Forschungsförderungseinrichtungen oder der Kultusetatdebatten der deutschen Landtage im Hinblick auf eine Darstellung der deutschen Wissenschaftspolitik, -förderung und -finanzierung im Industriezeitalter bewerkstelligen. Selbst eine Geschichte des Preußischen Kultusministeriums ist bis heute ein Desiderat ebenso wie die der Kultusverwaltungen der anderen Bundesstaaten. Wissenschaftsgeschichte hat, so sagt man, heute Konjunktur, an der zu partizipieren verlockend erscheint. Sie jedoch sollte Sorge tragen, daß ihre Ziele und Aufgaben nicht auf dem Altar der Interessen anderer Fächer geopfert werden. Niemand hat etwas gegen eine gute Wissenschaftsphilosophie. Niemand hat auch etwas gegen ein gutes Gespräch über Bäume – zumindest, solange der Wald nicht stirbt.

Eugen Drewermann
Macht und Moral

Es ist das dritte Mal, daß auf dem Wege zur Alleinherrschaft über ganz Israel jemand stirbt zur Überraschung Davids, und wieder kommen sie und melden David die Freude über den erschlagenen Feind, ihm selbst zur Rache, in hoffendem Wahn auf reiche Belohnung. – Was für arme Teufel, diese beiden Heerführer des Ischbaal, die so viel strategische Vernunft besitzen, daß der König des Nordens längst verloren ist nach der Ermordung Abners! Er hat im Grunde keine Chance mehr. Sie aber können überlaufen, und in ihrer Optik macht es Sinn, zu glauben, wenn sie David den letzten Stein auf dem Weg zum Thron seiner Macht wegräumen, würden sie selbst ganz dicht zum Thron des künftigen Königs erhoben und erhaben dastehen. Aber soll das nur die Idee dieser beiden gewesen sein? Es ist immer dieselbe Logik: Man bestellt sich die Handlanger, und wenn ihre Tat zu schlimm ist, als daß sie sich herumreden dürfte, muß der Auftraggeber sie rasch beseitigen. 1939 meldete Hitler den Überfall auf den deutschen Sender Gleiwitz und daß jetzt Bombe mit Bombe vergolten werde. Bestellt hatte man im KZ arme Teufel, die in der Uniform von Polen den Überfall inszenieren sollten. Man hatte ihnen gesagt: Danach seid ihr frei! Ihr müßt nur mal eine Nacht wie im Pfadfinderlager einen Überfall machen! Alles wird gut! Aber das durfte die Weltöffentlichkeit nicht wissen, diese Leute waren die ersten Opfer des Krieges. Denn natürlich mußte der Sender Gleiwitz von wirklichen Polen überfallen worden sein! Und die, die es dann getan hatten, waren am nützlichsten, wenn sie mundtot waren, so wie hier die beiden Mörder des Ischbaal. – Es scheint zum Kalkül der Macht zu gehören, daß sie Morde in Auftrag gibt und selber nur mordet, um sich die Hände reinzuwaschen. Und immer wieder wird das Volk es glauben. Beim Lesen in den Zeitungen war's immer die gerechte Sache, immer hat Gott auch den Aufstieg gewünscht, befohlen geradezu, und durch seine Gnade alles zum Besten geregelt. Jetzt plötzlich auch beugt sich ganz Israel wie Gras im Wind und neigt sich David entgegen. Immer schon wollte man ihn zum König. Die ganze Zeit des jahrelangen Bürgerkriegs war ein Mißverständnis, und David ist klug genug, das auch so zu sehen. In gewissem Sinn ist er jetzt schon am Ziel: zum zweitenmal geweiht zum König.

Was sich dann begibt, läßt sich ein Stück weit voraussagen: Es wird die Macht zu festigen sein, aber wie in dieser Lage? Hebron liegt tief im Süden. Es war als erster Ort, den Fuß in die Tür zu bekommen, äußerst nützlich, doch wird es darum gehen müssen, das Zentrum zu verlagern. Es darf weder im Süden bleiben noch hoch im Norden liegen. Das Auge Davids wird auf Jerusalem fallen. Die Stadt gehört den Jebusitern. Sie ist eigentlich überhaupt kein jüdisches Gebiet, aber eben deshalb würde Jerusalem eine echte Königsstadt sein, etwas, das wie ein Kronjuwel nur David selber gehört.

Dann bleiben aber immer noch etliche von der Sippe Sauls übrig. Ischbaal ist tot, aber es gibt noch andere. Was wird aus denen wohl werden? Fast können Sie sich's denken. Es wird wieder Leute geben, die sie verschwinden lassen, und wieder wird David sehr traurig sein, ganz unglücklich, daß es aber auch *so* kommen mußte, und wieder einen Schritt weiter gehen mit dem Schwert in der Hand und der Harfe, mit Lügen und Psalmen, ein würdiger König in Israel.

Wer hat uns eigentlich gesagt, die Bibel schildere, wie Gott in der Geschichte handelt? Erzählt sie uns nicht vielmehr mit faustdicken Fiktionen, was den Mächtigen alles einfällt, um ihr eigenes Volk, die ewig Dämlichen, die allzu Gläubigen, an der Nase herumzuführen? Wann hätten sie je Gott befragt, statt ihm vorgeschrieben, was er zu reden hätte? Dann nannten sie's ein Orakel, wenn's gut ausging. Wann hätten sie je Skrupel gehabt, sich nach seinen Geboten zu richten? Wenn es dem Erhalt der Macht und der Blendung des Volks nützlich war, dann war natürlich das Gebot und das Recht der zu verteidigende Grund von neuen Missetaten. Aber eben das scheint die Macht zu gebieten. Am Ende, rückwärts, wird man von Gott sagen, daß er auf krummen Linien gerade schreibt, weil die Mächtigen es lieben, fünf gerade sein zu lassen. Und wo steht, daß die Bibel erzählt aus der Perspektive der Leidenden? Oh, das wäre schön, die Geschichte Ischbaals mal zu erfinden, von einem Jungen, der keine Kindheit hatte, weil sein Vater als König, wie er glaubte, sich ehrlich herumschlug mit den

Philistern. Saul war nie so korrupt, sich mit den Philistern zu verbünden, um König in Israel zu werden. Die Geschichte kommt noch, wie David, nachdem er wirklich König in Israel geworden ist, mit seinen ehemaligen Freunden, den Philistern, umspringen wird. Er wird sie scheuchen, und schon deshalb wird man ihm alles vergeben. *Er* ist der wirkliche Philistersieger. Saul war zu schwach dafür. Ischbaals ganze verlorene Jugend, die Pflicht eines schwachen Mannes, König zu sein im Schatten eines Generals, der versucht, Ordnung zu schaffen, und der jeder Lösung der Gewalt, so gut es geht, ausweicht – wo hätte man verantwortungsbewußtere Männer in der Geschichte je getroffen? Keiner von denen wird's überleben; aber David! Er wird der größte König in Israel.

Wenn die Bibel kein Brechmittel werden soll, muß man sie manchmal aus der Sicht des Neuen Testaments lesen, wenn Jesus die Leute seiner Zeit fragt: Was ist eigentlich der Messias? Ist er wirklich der Sohn Davids? Und Jesus stellt das in Frage im Markus-Evangelium, sehr dicht an der Zeit schon, da man auch ihn totschlagen wird. Zwischen den Zeilen möchte Jesus offenbar andeuten: Wenn denn Gott Heil wirkt in der Geschichte und ihr nennt den Mann, durch den es geschehen soll, den Messias, ist es dann wirklich so sicher, er käme daher nach dem Vorbild Davids, dieser Art von König? Oder nicht vielleicht doch ganz anders, wenn er wirklich von Gott ist, und wendet sich ab voller Grausen von dem, was ein Davidisches Großreich je war, nimmt nicht länger in Kauf, was dazu nützlich war, es zu gründen, sondern versucht es einmal ganz anders? Dann wären wir wirklich bei dem Erbarmen mit den Armen und bei dem Mitleid mit den Leidenden. Aber dann hat die ganze menschliche Geschichte, nicht nur die Königszeit im Alten Testament, einen Kontrast mit sich, so groß, wie zum Beispiel der zwischen hebräischer Liebeslyrik und hebräischer Geschichtsschreibung.

François Furet
Stalin und der Spanische Bürgerkrieg

Mit der sowjetischen Intervention in Spanien hat Stalin ein doppeltes Ziel vor Augen, ein militärisches und ein politisches. Militärisch gesehen geht es ihm darum, den Vormarsch der aufständischen Armee, die bereits die Hälfte Nordwestspaniens und Andalusiens erobert hat, zu stoppen. Die Sowjetunion lieferte ab Oktober Waffen, Flugzeuge und Panzer – genauer gesagt, ließ sie sich mit Gold aus der spanischen Staatskasse bezahlen. Die Komintern hatte Internationale Brigaden aufgestellt. Im November werden die Kolonnen Francos vor den Toren Madrids aufgehalten. Die erbitterten Kämpfe um Madrid im Winter 1936/37 lassen erkennen, daß sich hier ebenbürtige Gegner gegenüberstehen, was für ein langes Andauern des Krieges spricht.

Zu diesem Zeitpunkt kristallisiert sich auch heraus, welchen Preis Stalin als Ausgleich einfordert: Das republikanische Spanien soll seinen Männern bei den Staatsgeschäften gewisse Privilegien einräumen. Dieser Aspekt des Spanischen Bürgerkriegs war lange Zeit tabu und ist es in gewisser Weise bis heute geblieben. Obwohl dieses Thema Gegenstand zahlreicher Berichte und mehrerer Untersuchungen war, sind diese aber mehr oder weniger unbeachtet geblieben, denn dadurch wäre das schöne Bild des kommunistischen Antifaschismus getrübt geworden. In Wirklichkeit geht die von Stalin und der Komintern geleistete Unterstützung Spaniens mit einem stetig wachsenden Einfluß auf die spanische Regierungspolitik einher. Gleich zu Beginn, von Oktober 1936 an, werden überall sowjetische oder linientreue Gefolgsleute eingeschleust, und zwar auf die übliche – halb offene, halb verdeckte – Art und Weise: als Botschaftsmitarbeiter, Männer im Dienste des NKWD, militärische und zivile Berater, von Moskau gesteuerte Sympathisanten. Diese Gefolgschaft leitet die Internationalen Brigaden, die dem Kommando erfahrener Genossen aus der Komintern unterstehen. Die ehemals unbedeutende spanische KP ist, dank der Unterstützung, die Moskau der Republik gewährt, zu einer einflußreichen Partei geworden. Auf ihr Drängen hin muß der schwache, von allen Seiten attackierte Giral im September 1936 seinen Posten als Regierungschef an den alten Sozialisten Largo Caballero abtreten, der beim spanischen Volk aufgrund seiner Redegewandtheit sehr beliebt ist. Diesem gelingt es zwar, ein Minimum an innenpolitischem Konsens zu erzielen, doch den Kommunisten ist er zu unabhängig. Er wehrt sich insbesondere gegen einen Zusammenschluß der sozialistischen und der kommunistischen Partei; ein vielversprechendes Unterfangen im Stile der Komintern, das aber durch Caballeros Eingreifen scheitert. Damit ist sein Schicksal besiegelt.

Die kommunistische Strategie basiert auf zwei einander scheinbar widersprechenden Motiven, die sich aber in Wahrheit ergänzen. Sie unterstützt die antifaschistische Sammlungsbewegung und den umfassendsten Zusammenschluß aller Republikaner, dessen Spektrum vom revolutionären Arbeiter bis zum liberalen Bürger reicht. So entsteht die Forderung nach einer starken Zentralregierung, die die Kriegsanstrengungen zu lenken versteht, und nach einer gemäßigten Sozialpolitik – der Grundvoraussetzung für die Einheit der Klassen. Daran läßt sich erkennen, welche Welten die Kommunisten nicht nur von den Anarchisten – egal welcher Couleur –, sondern vor allem von den unnachgiebigen Verfechtern der Selbstverwaltung der Arbeiter und Bauern – beziehungsweise der Idee, den Großgrundbesitz den Einwohnern einer Gemeinde zu überantworten – trennen, von den Kirchenstürmern ganz zu schweigen. Doch die revolutionäre Euphorie der Aktivisten, die ursprünglich aus dem kommunistischen Lager kommen und sich enttäuscht von ihm abgewandt haben, ohne jedoch dabei etwas von ihrem subversiven Eifer eingebüßt zu haben, ist der spanischen KP, falls das überhaupt möglich ist, noch mehr verhaßt. Dies ist zum Beispiel bei den Mitgliedern der im September 1935 gegründeten marxistischen POUM (»Partido obrero de unificación marxista«) der Fall – ein Zusammenschluß zweier Gruppierungen, die dem Kommunismus abschworen und sogar ehemalige Anhänger Trotzkis zu ihren Aktivisten zählen. Eine schwierige Konfrontation für die Emissäre Stalins in der Zeit, da der erste Prozeß in Moskau stattfindet.

Zumindest aber fällt es ihnen leicht, den Ausschluß des Linksextremismus mit der notwendigen Einigung der Republikaner zu rechtfertigen. Und die Dringlichkeit der damaligen Lage scheint ihnen recht zu geben. In Wahrheit beinhaltet ihre Politik jedoch ein zweites Motiv, das sie hinter der Sorge um das Allgemeinwohl verbergen: Sie wollen die Kontrolle über die Republik, zu deren Verteidigung sie herbeigeeilt sind. Wenn man die beiden Bücher von Burnett Bolloten gelesen hat, bekommt man eine Vorstellung davon, wie die Kommunisten den republikanischen Staatsapparat Spaniens unterwandert haben und wie sich dieser Staat von Herbst 1936 an den Befehlen der Repräsentanten Moskaus mehr und mehr unterordnet. In Spanien findet man eine Miniaturausgabe der sowjetischen Regierung, die von einem Mann des NKWD namens Orlow kontrolliert wird, der seine Anweisungen direkt von Etschow und Stalin erhält und diese über ein weitverzweigtes Netz von zwischengeschalteten Institutionen und Mitarbeitern oder ergebenen Helfershelfern ausführen läßt. Durch die französisch-englische Politik der Nichteinmischung erhält Stalin eine Monopolstellung, die es ihm ermöglicht, das Land aufgrund der von ihm gewährten militärischen Unterstützung zu erpressen. Sie dient lediglich dazu, die Umwandlung Spaniens in einen Satellitenstaat zu kaschieren.

Die gesamte Operation, die geprägt ist von einem Wechselspiel zwischen Brutalität und Umsicht, trägt Stalins Stempel. Er ging nicht, wie Mussolini, das Risiko einer offenen Intervention ein, sondern läßt über seine Geheimdienste – gegen bare Münze oder Gold – Waffen kaufen und nach Spanien weiterleiten. Die Internationalen Brigaden sind Sache der Komintern. Zahlreiche russische Berater reisen nach Spanien, doch an der Front sieht man sie nicht; sie agieren im Hintergrund. Schließlich ist Stalin in der Lage, einem schwachen Partner, der von seinen Gesandten und ihren spanischen Gefolgsleuten eingekreist ist, seine Bedingungen zu diktieren. Als man im November einen neuen Oberbefehlshaber für die republikanische Armee sucht, ist es General Berzin, einer der Leiter der sowjetischen Delegation, der General José Miaja vorschlägt – einen schwachen, selbstgefälligen und nicht sonderlich linksorientierten Mann, der sich dafür aber um so leichter manipulieren läßt. Als es im Madrider Universitätsviertel zu Kämpfen kommt und die Verteidigung organisiert werden muß, ist es Kolzow, ein »Prawda«-Korrespondent, der die Angelegenheit in die Hand nimmt und die Sozialistische und die Kommunistische Jugend mobilisiert. Ein noch eklatanteres Beispiel: Als im Mai 1937 der Regierungschef Caballero von Juan Negrin abgelöst wird, ist das im wesentlichen auf eine Intrige der Sowjets zurückzuführen. Die Russen zogen dem alten, etwas zu unabhängigen Führer der sozialistischen Linken einen brillanten Hochschullehrer vom rechten Flügel der Sozialisten vor. Er ist beeinflußbarer und nicht so antikommunistisch eingestellt wie sein Fraktionsführer Indalecio Prieto, der eigentliche Anwärter für diesen Posten.

Stalin hat weder vor, die Freiheit zu retten, noch der Revolution in Spanien zu Hilfe zu eilen, und vielleicht will er noch nicht einmal den Aufstand der Franquisten niederschlagen. Wahrscheinlich genügt es ihm, deren Sieg zu verhindern, so daß sich der europäische Krieg auf einen festen Punkt konzentriert, der es ihm gestattet, sich ein Faustpfand zu sichern – ohne sich dabei zu sehr zu exponieren – und die Aufmerksamkeit der Deutschen auf den Westen zu lenken. Sein Ziel ist es, das republikanische Spanien unter sowjetischen Einfluß zu bekommen und aus diesem Land einen »Freund der UdSSR« zu machen. Ein Status, der der Bourgeoisie genügend Raum läßt – vorausgesetzt, sie ist prosowjetisch. Dies ist die Umsetzung des Komintern-Modells einer »Volksfront« auf internationaler Ebene. Eine Strategie, die weder defensiv noch offensiv ist, sondern beides zugleich, da sie in jeder Situation eine Verhandlungsbasis bietet – ob nun im Falle eines Rückzugs oder für den Fall, daß sich die Gelegenheit böte, eine »Revolution« nach sowjetischem Vorbild voranzutreiben, wie es sie gleich nach Ende des Zweiten Weltkriegs und unter anderen Gegebenheiten in Mittel- und Osteuropa gegeben hat. Die Situation von 1936 ist eher die Zeit für die defensive Variante. In jedem Fall aber hat Stalin, auch fern der Heimat, seine Spuren hinterlassen.

Das charakteristischste Beispiel für seine von Moskau gesteuerte Beherrschung der spanischen Republik ist die Unterdrückung der revolutionären, nichtkommunistischen Linken in Katalonien im Frühjahr 1937 – kurz vor Negrins Regierungsantritt. Von diesen berühmten »Tagen im Mai« in Barcelona berichtet George Orwell in seinem Buch »Homage to Catalonia«. Die Ereignisse, die durch den Versuch der Kommunisten ausgelöst wurden, das von den Anarchisten kontrollierte Fernmeldeamt in ihre Gewalt zu bekommen, beenden die spanische Revolution. Vom 3. Mai an werden im großen Arbeiterviertel der Stadt Barrikaden errichtet, während die von der republikanischen Linken und den Kommunisten unterstützte katalanische Regierung die bürgerlichen Viertel mehr oder weniger zu halten vermag. Der anarchistische Aufstand geht über die CNT und die FAI hinaus, die einen politischen Ausweg aus dieser Situation suchen. Die Junganarchisten, die POUM, die Trotzkisten, die »Freunde von Durruti« unterstützen sie, so gut sie können, und fordern die Auflösung der staatlichen Behörden und eine katalanische verfassunggebende Versammlung, die sich aus den Komitees der Basis zusammensetzen soll. Die kritische Lage entspannt sich ab dem 5. Mai ein wenig, nachdem eine neue katalanische Regierung gebildet worden ist, die sich in ihrer politischen Zusammensetzung jedoch kaum von der vorherigen unterscheidet. Der Innenminister gehört ihr allerdings nicht mehr an, da er den Angriff auf das Fernmeldeamt gedeckt hatte. Am 6. und 7. Mai bereitet die Ankunft der Truppen, die die Regierung von Valencia nach Barcelona entsandt hat, den Kämpfen ein Ende. Der Sieg des republikanischen Bürgertums und der katalanischen Kommunisten sorgt zudem dafür, daß die Autonomiebestrebungen dieser Provinz nachlassen.

Die seit dem Sieg der spanischen Volksfront im Februar 1936 noch ungeklärte Regierungsfrage ist also im Mai 1937 in Barcelona durch den Sieg Marx' über Bakunin und den des »Sozialismus« – im weitesten Sinne des Wortes – über den Anarchismus endgültig gelöst worden. Der Unterschied zwischen Februar 1936 und Mai 1937 besteht darin, daß sich in der Zwischenzeit dieser »Sozialismus« immer mehr dem Kommunismus angenähert hat. Die spanische KP ist zu einer großen und einflußreichen Partei geworden, und das verdankt sie den Umständen, die sich aus dem Bürgerkrieg, der italienischen und der deutschen Intervention, der westlichen Passivität und der sowjetischen Unterstützung ergaben. Dies erklärt auch einige der Besonderheiten der durch ihren Sieg in jenem Mai 1937 entstandenen Situation.

Die zunehmende Stärke der spanischen KP, die in der öffentlichen Meinung als besonders gemäßigt erscheint, erwächst ihr dadurch, daß sie scheinbar alles dem Sieg über Franco unterordnet, während der anarchistische Antifaschismus, dessen oberstes Ziel der Umsturz der öffentlichen Ordnung ist, den Fortbestand des Staates und den Verlauf des Krieges in Frage stellt. Doch diese Argumentation mit dem Ausnahmezustand, von der die spanische KP so ausgiebig Gebrauch macht, bezieht sich nur auf den offiziellen Teil ihres Handelns, nicht aber auf ihre heimlichen Beweggründe. Denn die spanischen Kommunisten profitieren in ihrer Propaganda von der sowjetischen Unterstützung für die Republik, sind aber zugleich Sprachrohr der sowjetischen Berater, die den spanischen Staat umgestalten wollen. Die russische Hilfe ist unmittelbar von der Bereitschaft der in Spanien Regierenden abhängig, den »Ratschlägen« der Emissäre Moskaus Folge zu leisten. Auf diese Weise wird die spanische Republik schrittweise abhängig von ihrem mächtigen Bundesgenossen, dem sie ihren militärischen, diplomatischen und polizeilichen Staatsapparat geöffnet hat und dessen Vertreter die Zusicherung erhalten, daß ihre Machenschaften straffrei bleiben.

In sämtlichen Darstellungen zur Geschichte des Spanischen Bürgerkriegs, ob linken oder rechten, kann man nachlesen, daß im Frühjahr 1937 die Lage der Republik so beschaffen war. Das Außergewöhnlichste ist vielleicht der Aufbau eines Unterdrückungsapparats, der direkt von sowjetischen Dienststellen geleitet wird und über eigene Methoden, Beamte und Gefängnisse verfügt, die vom spanischen Staat völlig unabhängig sind. Den Anfang nimmt diese Entwicklung mit den Unterdrückungsmaßnahmen, die nach den Ereignissen im Mai in Barcelona zur Auflösung der POUM führen: die Anschuldigungen wegen »Hitler-Trotzkismus«, der Haß, als dessen Opfer man die extreme Linke auserkoren hat, die Falschaussagen, die durch Folter erzwungenen Geständnisse, die Ermordungen. Genau zu der Zeit, als der Prozeß gegen Tuchatschewski stattfindet, geht Orlow in Spanien genauso vor wie Etschow in der UdSSR, da er dort auch über eigene Sondergefängnisse verfügt, und wird so Zeuge der Ermordung von Andrés Nin im Juni 1937, dem ehemaligen Bolschewisten, der Trotzkis Sekretär war, danach die »Kommunistische Linke« in Spanien gründete und schließlich einer der Führer der POUM wurde: diese vielen Auszeichnungen haben ihn in den Augen der Folterknechte und gedungenen Mörder Stalins zum Hauptfeind werden lassen. Was den sowjetischen Beitrag zu den Greueln des Spanischen Bürgerkriegs besonders hervorhebt, ist die erklärte Absicht, die Opfer dieser Greueltaten mit denjenigen der Moskauer Prozesse auf ein und dieselbe Liste zu setzen: Die POUM wird als trotzkistisch verteufelt, das heißt als hitlerisch und franquistisch.

In dieser Hinsicht ist Stalins Eingreifen in Spanien für ihn eher politisch als militärisch motiviert. Es ist viel darüber geschrieben worden, daß der Spanische Bürgerkrieg das erste Versuchsgelände für den späteren Weltkrieg gewesen sei. Von beiden Seiten wurden in Spanien Armeen, Panzer und Flugzeuge erprobt und miteinander verglichen. Das ist richtig. Hitlers maßgebliche militärische Erfindung jedoch, der »Blitzkrieg«, fand erst im September 1939 statt, mit dem Sturm der Panzerdivisionen in der polnischen Ebene. Was hingegen seit Spanien auf dem Prüfstand steht, ist die politische Technik der »Volksdemokratie«, wie sie nach 1945 in Mittelosteuropa Erfolg haben wird. Es existiert sogar bereits eine Theorie, derzufolge die demokratische Republik Spaniens – die zu verteidigen die Kommunisten im Namen des Antifaschismus geschworen haben – in Wirklichkeit eine Republik »neuen Typs« sei, mit einem ganz neuen sozialen Inhalt, noch nicht durch und durch proletarisch, in der die Wurzeln der bürgerlichen Ordnung jedoch bereits zerstört sind oder bald zerstört sein werden. Eine unsinnige Theorie, denn sie klammert zwei einander widersprechende Aussagen zusammen: daß der antifaschistische Kommunismus die bürgerliche Demokratie verteidigt und gleichzeitig darauf abzielt, diese zu unterdrücken. Aber wie es mit der kommunistischen Sprachregelung so häufig der Fall ist, versucht diese Theorie, das zu sagen, was sie andererseits verbergen will: daß der »konsequente« Antifaschismus die politische Vorherrschaft der Kommunisten zur Folge haben muß. In diesem Sinne glaube ich im Unterschied zu Hugh Thomas nicht, daß seit der Niederlage der Anarchisten im Mai 1937 und der Bildung der Regierung Negrin zwei »Konterrevolutionen« einander gegenüberstehen, nämlich diejenige Francos und diejenige, die die spanische KP im Schatten des neuen Premierministers initiiert. Die Definition »Konterrevolution« trifft wohl auf Franco zu, auf das andere Lager hingegen nicht. Es stimmt zwar, daß die Kommunisten in Barcelona eine Revolution niedergeschlagen haben, aber nur, um sie durch ihre eigene zu ersetzen.

Sie können nicht auf die entscheidende Stütze zurückgreifen, von der ihre rumänischen, polnischen, ungarischen und tschechischen Genossen in den Nachkriegsjahren profitieren: die Anwesenheit der Roten Armee. Ein Grund mehr, die Polizei zu unterwandern, die Dienststellen der militärischen Sicherheitskräfte zu besetzen, die Kontrolle über das Kriegsministerium und die Mehrzahl der militärischen Kommandoposten vor Ort zu übernehmen. Es ist durchaus richtig, daß sie die Spitze des »antifaschistischen« Kampfes bilden. Aber sie tragen zur Spaltung und Schwächung dieses Kampfes bei, indem sie ihm ein Ziel auferlegen, das allein sie interessiert und das sie durch die politische Abwertung oder physische Ausschaltung ihrer Gegner im eigenen Lager beständig verfolgen. Auf dem Höhepunkt ihres Einflusses, im Frühjahr 1938, als das zweite Kabinett Negrin gebildet wird, sieht die militärische Lage noch nicht allzu schlecht aus, da die republikanischen Armeen Valencia erfolgreich verteidigt haben und zur Offensive über den Ebro hinweg ansetzen. Aber der kommunistische Druck, der zum Beispiel bei der Vereinheitlichung der militärischen Organisation wirkungsvoll war, führte schließlich dazu, dem spanischen Antifaschismus den politischen Elan zu rauben. Als es den Kommunisten gelingt, ihren alten Gegner Prieto aus dem Verteidigungsministerium zu jagen, herrschen sie nurmehr über ein politisches Theater, das von Phantomen bevölkert ist: Sie haben die Volksrevolution abgewürgt, die POUM zerschlagen, die Autonomiebestrebungen Kataloniens beschnitten, den Anarchismus in ihre Partei eingegliedert, den linken und den rechten Flügel der sozialistischen Partei – Caballero und Prieto – kaltgestellt und Azaña und Negrin gezwungen, deren Ämter zu übernehmen; so verlor die spanische Republik ihr Feuer. Die Herrschaft, die die Kommunisten schließlich errichteten, um Franco zu besiegen, ist eher prätotalitär als republikanisch. »Ich sage schon lange«, schreibt der Führer der sozialistischen Partei, Luis Araquistain, an seine Tochter, »daß, ganz gleich, ob die Republik verlieren oder siegen wird, die unabhängigen Sozialisten gezwungen werden, ins Exil zu gehen. Wenn wir verlieren, werden uns die Franquisten umbringen, wenn wir siegen, die Kommunisten.«

Dieser Feststellung unterläuft derselbe Fehler, den England und Frankreich mit ihrer Politik der sogenannten »Nichteinmischung« begingen und die nichts anderes und nicht weniger schlimm war als pure Gleichgültigkeit. Im Gegenteil: Indem die westlichen Demokratien die Augen vor der italienischen und deutschen Unterstützung verschlossen und es zuließen, daß sich das republikanische Spanien mit Stalin gleichsam verbündete – was die Militärhilfe anging –, verschlimmerten sie nur den erpresserischen Druck, den die Sowjets auf Caballero und Negrin ausübten. Meiner Ansicht nach gibt es keinen Grund, die harten Urteile abzumildern, mit denen man die anglo-französische Passivität gegenüber Hitler bedachte, auch wenn mir der Einfluß, den die öffentliche Meinung dabei gespielt hat, im allgemeinen als zu gering bewertet erscheint. Die »Nichteinmischung« in Spanien, so wie sie von London und Paris praktiziert wurde, folgt der müden Resignation vom 7. März 1936 und nimmt den Geist von München vorweg.

Doch aus der Verurteilung der anglo-französischen Politik läßt sich nicht die Vorstellung ableiten, daß diese – anstatt Hitlers Eroberungen im Osten zuzustimmen oder ihm diese nahezulegen (was vor allem für Frankreich aufgrund seines Bündnissystems besonders heikel gewesen wäre) – in die von Moskau vorgegebene antifaschistische Logik hätte einfließen müssen. Es war eine Sache, die verschiedenen Gefahrenherde richtig einzustufen, aber eine andere, den Trugbildern der Ideologie zu erliegen. Die Regierungen in London und Paris machten sich schuldig, weil sie riskierten, Hitler gegen Stalin auszuspielen, und nicht, weil sie Stalin mißtrauten. Denn genau wie sie selbst betreibt der Georgier ein doppeltes Spiel. Es ließe sich unendlich darüber diskutieren, wen Stalin tief im Innersten am meisten verabscheut: die Nationalsozialisten oder die westlichen Demokratien. Sicher ist, daß er auf das pazifistische Geschwätz nicht hereinfällt. Ihm wird immer klarer, daß es Krieg geben wird. Die Isolation der UdSSR bereitet ihm große Sorgen. Doch die Annahme, daß es zu einem Krieg zwischen den imperialistischen Mächten kommen könnte, gehört ja schon von jeher zum kleinen Einmaleins des Kommunismus.

In Moskau blickt man auch auf Berlin. In seinen Memoiren versichert der sowjetische Agent Kriwitzky, der nach seiner Tätigkeit als »Resident« des NKWD in Holland 1937 in den Westen ging, daß Stalin seit 1934 tatsächlich nach einem Einvernehmen mit Hitler sucht. Seine Annäherung an Frankreich, später auch an die osteuropäischen Staaten sei nur ein Umweg gewesen, um dieses Ziel besser erreichen zu können. In der Tat sondierte im Februar 1937 ein sowjetischer Emissär in Berlin das Terrain, mußte jedoch unverrichteter Dinge umkehren. Kurz, Stalin hat zumindest zwei Eisen im Feuer; im übrigen gibt er das seit 1934 auch zu verstehen und wird es nach dem Münchener Abkommen klar aussprechen. Stalin weiß sehr gut, daß die internationalen Beziehungen in Europa drei Pole bilden und nicht nur zwei, wie es die Logik des Antifaschismus impliziert. Das Problem ist, daß diese drei Pole paarweise jeweils drei einander bekämpfende Konstellationen schaffen und daß dadurch wirkliche Bündnisse unmöglich werden.

Der Krieg in Spanien ist keine Ausnahme von dieser Regel. England – gefolgt von Frankreich – war nicht bereit, für diese revolutionäre Verkettung auch nur den kleinsten Finger zu rühren, geschweige denn zu riskieren, wegen dieser Sache gegen Hitler Krieg zu führen. Stalin seinerseits war sehr darauf bedacht, von dem deutschen Diktator nicht in einen großen Konflikt verwickelt zu werden. Laut Kriwitzky will er Hitler vor allem signalisieren, daß er ein guter Verhandlungspartner ist. Einer anderen Hypothese zufolge versucht Stalin, England und Frankreich in einen langandauernden Krieg zu verstricken, um auf eine für die UdSSR kontrollierbare Weise und weit von ihren Landesgrenzen entfernt das zu »binden«, was in der internationalen Lage an Sprengkraft vorhanden ist. Hugh Thomas hat dies folgendermaßen beschrieben: »...Er [Stalin] ließ nicht zu, daß die Republik besiegt wird, auch wenn er ihr nicht in dem Maße half, daß sie hätten siegen können. Der Verlauf des Krieges verschaffte ihm die Möglichkeit, in dem einen oder in dem anderen Sinne handeln zu können. Es war nicht einmal ausgeschlossen, daß der spanische Krieg sich zu einem Weltkrieg ausweiten könnte, in dem Frankreich, Großbritannien, Deutschland und Italien sich gegenseitig vernichtet hätten und Rußland – als Außenstehender – die Rolle des Schiedsrichters gespielt hätte.« So ist in sämtlichen Darstellungen die politische Kontrolle Spaniens ein Faustpfand der Sowjets.

Die Geschichte nimmt jedoch eine andere Wendung; schneller als vorgesehen verweist sie den Spanischen Bürgerkrieg in die zweite Reihe der internationalen Lage.

Heiko Haumann
Die Herrschaft der Mongolen

Weite Teile der alten Kiever Rus' waren verwüstet, zahllose Menschen ums Leben gekommen. Städte, die sich nicht freiwillig ergeben hatten, waren zerstört, die Einwohner oft sämtlich umgebracht worden – und zwar nicht wie sonst nur die waffentragenden Männer. Auch das kulturelle Leben wurde stark beeinträchtigt.

Bis heute wird immer wieder hervorgehoben, die Herrschaft der Mongolen habe den einschneidenden Bruch in der Entwicklung Rußlands bedeutet. Ein letztlich europäisches Land sei nun von asiatischen Herrschaftsformen sowie Gesellschafts- und Wirtschaftsstrukturen durchdrungen worden. Dies habe Tendenzen zur despotischen Herrschaft begünstigt und an die Stelle der feudalen die asiatische – oder mindestens »halbasiatische« – Produktionsweise gesetzt. Gewiß griffen die Niederlage gegen die Mongolen und die Eingliederung in deren Herrschaft tief in die Geschichte Rußlands ein. Doch die Mongolen trafen keineswegs auf ein blühendes Reich, sondern auf ein auch in den meisten Teilfürstentümern zersplittertes Gebilde, das seinen politischen und ökonomischen Höhepunkt längst überschritten hatte und auf dem Weg zu einer neuen Gestalt war. Vieles, was an Wandlungsprozessen den Mongolen zugeschrieben wurde, hatte bereits vor deren »Sturm« eingesetzt und wurde jetzt höchstens beschleunigt.

Im übrigen erwies sich die Herrschaft der Mongolen als nicht derart drückend, wie vielfach angenommen wird. So galt im Khanat der Goldenen Horde – ebenso wie in den anderen mongolischen Teilreichen – die religiöse Toleranz, oder besser gesagt: dem Khan war die Religion der unterworfenen Völker gleichgültig. Unter den Mongolen der Goldenen Horde selbst hatte der Islam immer mehr Anhänger gewonnen, bis er sogar Anfang des 14. Jahrhunderts zur Staatsreligion erklärt wurde. Dies änderte jedoch nichts am Verhältnis zu den übrigen Religionen. Die orthodoxe Kirche blieb ebenso von Abgaben verschont, wie der russische Adel in seinen Funktionen belassen und mit Verwaltungsaufgaben betraut wurde. Die Mongolen bauten in der Rus' – sieht man von den kontrollierenden Beauftragten, den *baskaki*, ab, die auch die Tributeintreibung überwachten – kein eigenes Verwaltungssystem auf. Auch das erleichterte die Unterwerfung und Zusammenarbeit mit ihnen. Tribute und Abgaben mußten natürlich pünktlich geleistet werden. Die Fürsten hatten dem Khan zu huldigen, der Großfürst wurde von ihm ernannt. Bei Unbotmäßigkeiten zogen die Truppen der Goldenen Horde zu oft sehr grausamblutigen Strafexpeditionen aus.

Bis zum Ende des 13. Jahrhunderts hatten die Teilreiche untereinander trotz aller Selbständigkeit noch lockere Verbindungen, so daß man von einem mongolischen Weltreich sprechen kann. Innerhalb seiner Grenzen wurde nicht der Versuch gemacht, die sprachlichen, rechtlichen, wirtschaftlichen, sozialen oder kulturellen Verhältnisse zu vereinheitlichen. Entgegen den lange Zeit überwiegenden Vorstellungen förderten die Bedingungen in diesem Reich den weiträumigen Handel, etwa zwischen den italienischen Stadtstaaten und China. Berichte westlicher Reisender, von denen derjenige Marco Polos (1254–1324) der berühmteste, wenngleich keineswegs der ergiebigste ist, zeugen von den Verbindungen zwischen West und Ost. Die Mongolenherrschaft zerstörte deshalb auch nicht die russischen Fernhandelswege. Russen tauchten übrigens gelegentlich nun als Handwerker oder Soldaten in mongolischen Diensten auf, nicht nur im Bereich der Goldenen Horde.

Das Bild, das man sich häufig von den Mongolen als einem »unzivilisierten«, grausamen Volk machte, entsprach nicht der Wahrheit, sondern entsprang abendländischen Überlegenheits- und Rechtfertigungswünschen. Die Mongolen verfügten über eine reichhaltige, differenzierte Kultur. Agrarwirtschaft und Gewerbe befanden sich auf einem hohen Stand. Und Grausamkeit war gewiß keine Besonderheit asiatischer Völker.

Seit den Reformen Tschinggis Khans wurden alle Führungspositionen vom Khan oder Großkhan besetzt, er war Herr über Leben und Tod. Doch er herrschte nicht unumschränkt. Der Grund und Boden unterlag nicht seiner Verfügungsgewalt, sondern zählte als Gemeineigentum. Trotz des Zehner-Systems als Grundlage der Zivil- und Militärorganisation behauptete sich die traditionelle Rolle der Familie. Ihr gehörte die Viehherde. Die Großfamilie, die im Durchschnitt aus drei Generationen bestand, bildete mit fünf bis acht Jurten ein Aul (*ajl*) und zugleich eine Weidegemeinschaft. Sie war patriarchalisch organisiert. Der jüngste Sohn blieb in der Regel als einziger im Haushalt der Eltern, damit er nach dem Tod des Vaters das »Herdfeuer« erhalten konnte.

Das Pferd war nicht nur Bestandteil des Alltagslebens und kultischer Funktionen, sondern spielte auch eine Rolle, wenn die Kinder feierlich in die Gemeinschaft aufgenommen wurden: Im Alter zwischen drei und fünf Jahren, wenn die unsicherste Zeit – mit einer hohen Sterblichkeitsrate – überstanden war, wurden den Mädchen und Jungen in Anwesenheit vieler Besucher auf rituelle Weise die Haare geschnitten, und sie bekamen zum erstenmal neue Kleidung. Verbunden war dies mit Pferdewettkämpfen. Als Höhepunkt mußten die Kinder an allen Jurten vorbeireiten, wo sie von den Erwachsenen mit Geschenken begrüßt wurden.

Die Mongolen glaubten an die Welt der Geister und Dämonen, die in der Natur wirkten. Als Mittler zu dieser Welt dienten die Schamanen. Sie reisten im Trancezustand – erreicht über Alkohol, narkotisierende Kräuter und ekstatischen Tanz – ins Jenseits; oft entfernten sie sich dabei auf ihrem Pferd vom Aul. Im Kontakt mit den Mächten der anderen Welt konnten sie dann Empfehlungen abgeben, wie dem Bösen und Schädlichen zu begegnen sei, wie Krankheiten geheilt oder verlorengegangenes Vieh wieder gefunden werden konnten. Die Schamanen waren meist intelligente und hochsensible Frauen oder Männer mit künstlerischer Begabung. Erwählt wurden sie durch die Geister, wenn sich während der Pubertät Anzeichen von manisch-depressiven Erkrankungen, Alpträume oder Zuckungen bemerkbar machten, die wieder abklangen. In einem besonderen Ritual weihten ältere Schamanen sie, wobei sie schwören mußten, allen ohne Ansehen der Person helfen zu wollen. Mißbrauch und Scharlatanerie waren in der Tat selten. Der Schamanismus hat sich – ebenso wie vieles andere in der Lebensweise der Mongolen – bis in unser Jahrhundert erhalten.

Im Laufe der Zeit setzten sich die Sippenverbindungen wieder durch, ausgehend von denjenigen Stämmen am Rande des Reiches, die von den Maßnahmen Tschinggis Khans noch nicht erfaßt gewesen waren. Im Reich der Goldenen Horde kam hinzu, daß das türkische Element immer stärker wurde und sich mit dem mongolischen vermischte. Im 14. Jahrhundert geriet die Stabilität dieses Khanats ins Wanken, verschärft durch Machtkämpfe infolge der auch hier auftretenden Nachfolgeprobleme an der Spitze. Zwischen 1360 und 1380 schwächte ein Bürgerkrieg das Reich. Trotzdem blieb es noch eine ernstzunehmende Macht, bis es allmählich an Einfluß verlor und sich in Nachfolgekhanate auflöste. Am längsten bestand das Khanat der Krimtataren, nämlich bis 1783.

Wurde auch der Fernhandel durch die Mongolen keineswegs abgeschnitten, so wirkte sich deren Herrschaft doch nicht nur günstig auf die Wirtschaft Rußlands aus. Die Verwüstungen durch die Feldzüge zogen Städtewesen, Handwerk und Nahhandel stark in Mitleidenschaft. Lange Zeit konnten sie sich von den schweren Schädigungen nicht erholen. Vor allem Kunsthandwerk und komplizierte Handwerkstechniken wurden erheblich geschwächt. Dadurch ebneten sich die Unterschiede zwischen Stadt und Land weiter ein, eine Tendenz zu einer eigenständigen, differenzierten städtischen Handwerkerschaft konnte sich noch weniger ausbilden als zuvor. Darüber hinaus erschwerten die hohen Tribute an die Mongolen den wirtschaftlichen Wiederaufbau.

Auch die Agrarproduktion litt unter den verheerenden Kriegsfolgen. Dies begünstigte eine gewaltige Bevölkerungsverschiebung. Aus den stark betroffenen Gebieten der südlichen Rus' um Kiev wanderten mehr und mehr Menschen in das sichere Gebiet »jenseits der Wälder« in das Fürstentum Vladimir-Suzdal'. Diese Flucht verstärkte eine Bewegung, die längst vor den Mongolen begonnen und zugleich eine Machtverschiebung zugunsten des nordöstlichen Fürstentums bedeutet hatte. Wieder zeigt sich hier, daß die Mongolenherrschaft in vielen Fällen Entwicklungen beschleunigte, sie aber nicht neu schuf. Sie war auch nicht für die Zersplitterung der Rus' oder der einzelnen Teilreiche verantwortlich, wie vielfach behauptet wurde. Im Gegenteil wird man sagen können, daß die Khane der Goldenen Horde an einer stabilen Ordnung mit einer verhältnismäßig starken Zentralgewalt interessiert waren: Auf diese Weise konnten die Tribute am besten eingetrieben und abgeliefert werden. Natürlich sollten die Großfürsten nicht zu mächtig werden und eine politisch-militärische Gefahr für das Khanat darstellen. Deshalb wurden oft russische Fürsten ge-

geneinander ausgespielt. Dies war aber keineswegs eine bewußte Zersplitterung im Sinne einer mongolischen Beherrschungskonzeption.

Da die Mongolen nicht unmittelbar in die inneren Verhältnisse der Rus' eingriffen, konnten sie auch nicht eine asiatische Produktionsweise einführen. Förderten sie sie vielleicht indirekt? Den Begriff dieser Produktionsweise verwendete Karl Marx, um darauf aufmerksam zu machen, daß die für Europa festgestellte Abfolge von Gesellschaftsformationen nicht überall gelte, daß es nicht zwingend eine unmittelbare Entwicklung vom Feudalismus zum Kapitalismus gebe. Innerhalb einer asiatischen Produktionsweise besteht Gemeineigentum an Grund und Boden, die Produktion wird zentralistisch vom Staat organisiert. Dies zeigt sich insbesondere bei umfangreichen öffentlichen Aufgaben, namentlich den Bewässerungsarbeiten. Dadurch nimmt der Staat die Form der orientalischen Despotie an. Aufgrund des Zentralismus des späteren russischen Staates und mancher despotischer Erscheinungsform an der Spitze wurde vielfach die Meinung gepflegt, dies sei von der Übernahme der asiatischen Produktionsweise verursacht worden. Einige Forscher gingen so weit, in der Mongolenherrschaft den Grund dafür zu sehen, daß die Russen »Asiaten« und gefügige Untertanen geworden seien, ja sich eine gerade Linie bis zum stalinistischen Machtsystem in unserem Jahrhundert durchziehe. Historisch berechtigt sind diese Annahmen nicht. Gegenüber der mächtigen Zentrale gab es immer wieder gegenläufige Tendenzen, durch regionale Strömungen, auch durch Widerstand innerhalb der Bevölkerung. Zwischengewalten, insbesondere der Adel, zeitweise aber auch die Kirche, wirkten einer unmittelbaren Verbindung zwischen Herrscher und Volk entgegen, wie sie für die asiatische Produktionsweise charakteristisch war. Vor allem bestand kein Gemeineigentum an Boden. Die Kategorie der asiatischen Produktionsweise taugt zur Kennzeichnung Rußlands nicht, auch nicht in Zwischenformen. Eher begann sich das Land in der folgenden Zeit westeuropäischen Strukturen anzunähern.

All diese Gründe veranlaßten Louis Farrakhan, ab 1983 Jesse Jacksons Kampagne für seine Nominierung zum Präsidentschaftskandidaten der Demokraten zu unterstützen. Jackson selber war für das Islamische Volk kein Unbekannter. Abgesehen von seinem Nachruf auf Elijah Muhammad im Februar 1975 gab er einige Monate später »Mr. Muhammad Speaks« ein ausführliches Interview, in dem er hervorhob, welch ein Vorbild der Gesandte Allahs für ihn gewesen war. In der Tat hatten ihn, so erklärte er, die Sozialprogramme der Black Muslims zur Gründung seiner eigenen karitativen Organisation, PUSH (People United to Save Humanity = Vereinigtes Volk zur Rettung der Menschheit), angeregt. Jackson, der sich eher der Linie eines »kulturellen Pluralismus« als einer »Integration« verschrieb, und seine Organisation setzen sich dafür ein, die wirtschaftlichen Grundlagen für dic Autonomie der Schwarzen zu schaffen, um das Lebensniveau dieser Bevölkerungsgruppe zu heben, und opfern »dem Bemühen um die Gründung schwarzer Banken und schwarzer Versicherungen viel Zeit«. 1983, als Jackson am Wahlkampf teilzunehmen beschließt, unterstützt Farrakhan ihn, da er seiner Ansicht nach »mehr als jeder andere schwarze Führer jener Zeit den schwarzen Massen Hoffnungen einflößen kann«. Darüber hinaus stellt er ihm die »Frucht des Islam« zu seinem Schutz zur Verfügung, treibt Mittel zur Finanzierung der Kampagne auf und sorgt dafür, daß sich die Anhänger in die Wählerlisten eintragen, um für ihn zu stimmen.

Nicht nur wegen der Infrastruktur, die das Islamische Volk bietet, sondern auch wegen des Respekts, den sein Führer in den Gettos genießt, stellt Farrakhan für Jackson eine wertvolle Unterstützung dar; er sieht darin eine Gelegenheit, die Stimmen zahlreicher Wähler zu gewinnen, die bislang den Wahlen fernblieben, weil sie sich mit den von den Parteiapparaten der Demokraten und der Republikaner ausgewählten und aus der weißen Bourgeoisie stammenden Präsidentschaftskandidaten der Vereinigten Staaten nicht identifizieren konnten. Hingegen schreckt Farrakhan die »Gemäßigten« ab und läßt die Gegensätze zwischen Jackson und einem Großteil der jüdischen Wähler, die den Demokraten zuneigen, deutlich hervortreten.

Eine Reihe proisraelischer Bewegungen war von Anfang an Jackson gegenüber sehr feindselig eingestellt, der seit der Bekanntgabe seiner Kandidatur im Fernsehen verglichen mit den übrigen Kandidaten in Fragen der Außenpolitik aus dem Rahmen gefallen war. Er wisse, was es heißt, in einem »besetzten Land« geboren und »in einem Apartheidsystem« groß geworden zu sein, das habe in ihm große Sympathien für die anderen Völker, vor allem für die Palästinenser und die Schwarzen Südafrikas, geweckt, die überall auf der Welt unter ähnlichen Bedingungen lebten. Allerdings war er im Januar 1984, zu einer Zeit, da Präsident Assad als Terrorist und unversöhnlicher Feind Israels galt, mit dem zusammenzutreffen für einen amerikanischen Politiker ausgeschlossen war, in Begleitung Farrakhans nach Damaskus gereist. Ziel dieser Reise war es, einen von der syrischen Armee gefangengenommenen schwarzamerikanischen Piloten freizubekommen. Schließlich gab am 13. Februar die »Washington Post« Bemerkungen Jacksons wieder, der in einem Gespräch mit einem Journalisten die Juden als *hymie* [Jidden] beschimpft hatte. Jackson hatte auf die Art, wie die jüdischen Organisationen ihn wegen seiner proarabischen Sympathien im Nahostkonflikt angegriffen hatten, mit den Worten reagiert: »Die *hymie* wollen über nichts anderes als über Israel reden: Jedesmal wenn man nach *Hymietown* [in die ›Jiddenstadt‹, das heißt nach New York] kommt, ist dies das einzige, über das sie sprechen wollen.« Diese Äußerungen lösten eine heftige Polemik aus – um so mehr, als Jackson sie zunächst abstritt, ehe er sich schließlich dazu bekannte und sich entschuldigte.

In der Zwischenzeit feierte das Islamische Volk am 25. Februar den Tag des Retters; als prominenten Redner hatte man Jackson eingeladen. Als er ihn einführte, wandte Farrakhan sich »an die Juden, die unseren Bruder nicht mögen«, und warnte sie im Namen Allahs, sich an ihn heranzuwagen. Diese Warnung verschärfte die Auseinandersetzung nur noch. Als der Führer der Anti-Defamation League von B'nai B'rith, Nathan Perlmutter, ihn mit Hitler verglich, antwortete Farrakhan im März in einer

Rundfunksendung: »Die Juden mögen Farrakhan nicht, denn sie nennen mich Hitler. Der Name gefällt mir (*Well, that's a good name*). Hitler war ein großer Mensch. Nicht für mich als Schwarzen, aber er war ein großer Deutscher. Nicht daß ich stolz bin auf das Schlimme, das man den Juden angetan hat, aber Tatsache ist: [...] er hat Deutschland vom Punkt Null aus wieder groß gemacht. In gewisser Weise gibt es da Ähnlichkeiten, denn auch wir werden unser Volk vom Nullpunkt aus wieder groß machen.«

Jackson, der nach dieser Rede sich von Farrakhan zu distanzieren gezwungen ist, vermeidet dennoch den Bruch mit einem Verbündeten, von dem er glaubt, er habe Einfluß auf einen beträchtlichen Teil der schwarzen Wählerschaft. Am 24. Juni jedoch erklärt Farrakhan in einer vom Rundfunk ausgestrahlten Rede, die Schaffung des Staates Israel sei ein »ungesetzlicher« Akt, der hebräische Staat könne sich nicht auf den Willen Gottes berufen und sei das Ergebnis einer Verschwörung: »Ihr habt euch dieses Land angeeignet, die angestammten Einwohner daraus verjagt und sie zu Vagabunden gemacht, die durch die ganze Welt irren. Ihr habt gelogen und gesagt, es handle sich um ein Versprechen, das Gott euch gegeben hat.« Auf diese Weise, fährt Farrakhan fort, habt ihr »den Namen Gottes mißbraucht, um eure Scheißreligion (*gutter religion*) mit seinem heiligen und tugendhaften Namen zu bemänteln«.

Am Tag darauf brachten die Zeitungen als Aufmacher die Schlagzeile, Farrakhan habe die jüdische Religion als *gutter religion* bezeichnet. Entsprechende Reaktionen ließen nicht auf sich warten. Jackson mißbilligte die Äußerung öffentlich und verkündete, er werde Farrakhan nicht mehr in seine Kampagne einbeziehen; damit distanzierte er sich von einem Verbündeten, der ihm zwar in der Welt der Gettos beträchtliche Unterstützung gesichert hatte, ihm künftig jedoch einen großen Teil der Wählerschaft der linken Mitte entfremden würde, die er anzusprechen versuchte. Damit hätte er riskiert, sein Projekt einer »Regenbogenkoalition« auf die Sympathisanten des Islamischen Volkes zu beschränken. Die gemäßigten Schwarzenorganisationen, aber auch die Führer der Demokratischen Partei verurteilten Farrakhan aufs entschiedenste, und der US-Senat verabschiedete einstimmig eine Resolution, in der es hieß: »In unserer Gesellschaft ist kein Platz für haßerfüllte und fanatische antisemitische und rassistische Äußerungen, wie sie Louis Farrakhan zugeschrieben werden; derartig niederträchtige Aussagen sind zu verurteilen.«

Obwohl er damit aus dem Bereich der institutionellen amerikanischen Politik ausgestoßen wurde, hatte Farrakhan sehr von seiner zeitweiligen Allianz mit Jesse Jackson profitiert: Sie hatte ihm zu außergewöhnlicher Berühmtheit verholfen, deren Zwielichtigkeit ihm keineswegs mißfiel noch diejenigen sonderlich schokkierte, die auch außerhalb des Dunstkreises seiner Parteigänger nach einem Verantwortlichen für ihr Elend und ihre Not suchten.

Dennoch mußte er noch mehrere Male auf diese Affäre zurückkommen. 1985 bezieht sich Farrakhan in einer anderen Rede mit dem Titel »A Warning to the Jews« (»Warnung an die Juden«), die noch heute, neun Jahre später, als Tonbandkassette in den Buchhandlungen des Islamischen Volkes verkauft wird, auf die Rede, in der Jackson sich wegen seiner Äußerung bezüglich *hymie* und *Hymietown* entschuldigt hatte: »Keine Angst, ich werde mich nicht entschuldigen! Mister Jackson hat eine der brillantesten Reden gehalten, die je von einem Schwarzen auf der politischen Bühne und überhaupt je von irgend jemandem vorgetragen wurde! Vierzig Sekunden hat seine Entschuldigung für eine Rede von fünfzig Minuten Länge gedauert, und tags darauf hörte man nichts weiter, als daß Jesse Jackson gesagt hat: ›Bitte, entschuldigen Sie!‹ Warum, glaubt ihr, haben sie das gebracht? Weil er für die Schwarzen ein Symbol der Kraft ist und sie beweisen wollen, daß diese Kraft einen Kompromiß geschlossen, die Knie gebeugt und ihrem Druck nachgegeben hat! Deshalb haben sie große Schlagzeilen daraus gemacht!« Um zu erklären, warum er jene, die »Komplotte gegen Jackson schmiedeten«, bedroht hat, bemerkt Farrakhan: »Plötzlich war ich der öffentliche Feind Numero eins für die Juden [*Fuck the Jews* (Scheiß auf die Juden), brüllt der Saal]! [...] Aber hört gut zu, schwarze Führer, wenn ihr den Bossen der Juden erlaubt, euch soweit zu bringen, daß ihr mich wegen irgendwelcher von ihnen ausgeheckter Lügen anprangert, wird das schwarze Volk euch nie mehr etwas glauben, darauf könnt ihr euch verlassen!« Erneut greift Farrakhan den Ausdruck *gutter religion* auf; er wirft seinen Verleumdern vor, das Zitat aus dem Zusammenhang gerissen zu haben, und fügt es wieder an den ihm zukommenden Platz in seiner Weltsicht ein: »Nie würde ich eine Religion verurteilen, die Gott der Allmächtige offenbart hat! Derart unvorstellbar ist dies, daß ihr mich um drei Uhr morgens wekken, mir Pentothal geben und zu meinem Unterbewußtsein sprechen könnt, und dennoch würde ich nie etwas gegen eine von Gott offenbarte Religion oder gegen Gott den Allmächtigen äußern. Brüder und Schwestern, ich habe folgendes gesagt: Dieses Volk, das sich Israel nennt, kennt seit vierzig Jahren keinen Frieden und wird nie einen kennen, denn es kann keinen auf Ungerechtigkeit, Diebstahl, Lüge und Verrat gegründeten Frieden geben. Ihr glaubt, Gott habe euch erlaubt, eure *gutter religion* mit Seinem heiligen und tugendhaften Namen zu bemänteln! Das habe ich gesagt [...] Wenn man den Namen Gottes mißbraucht, um üble Handlungen zu heiligen und seine Bösartigkeit als fromme und scheinheilige Tugendhaftigkeit erscheinen zu lassen: Das ist eine Scheißreligion, die aus dem Namen Gottes ein Werkzeug macht! Die Christen haben eine Scheißreligion praktiziert, als sie unsere Väter nach Amerika verschleppt, als sie den Indianern im Namen Jesu ihr Land geraubt [...], als sie Afrika vergewaltigt und seiner Substanz beraubt haben: Sie gaben ihm die Bibel und nahmen dafür seine Bodenschätze, um sie Europa und Amerika zu schenken! Ihre Behauptung, das von Gott auserwählte Volk zu sein und ein Recht auf das Land eines anderen zu haben und sich dessen im Namen Gottes zu bemächtigen, indem man sich der Bibel, der Thora und des Offenbarten Wortes Gottes bedient, um zu stehlen, zu betrügen, zu hintergehen und zu lügen, das ist eine Scheißreligion, und ich stehe zu dem, was ich gesagt habe! Wie könnt ihr es wagen, überall herumzurennen und euch als die Erwählten Gottes zu bezeichnen, wenn ihr dies nicht seid, und überhaupt, welchen Gottes? Gewiß nicht des Gottes der Rechtschaffenheit: Die Schrift sagt uns, wenn Gott jemanden erwählt, dann die Verachteten, die Ausgestoßenen, die Entrechteten, die Verlorenen. Er hat gesagt: ›Ich werde ihr Gott sein, und sie werden Mein Volk sein.‹ Ihr Juden, die ihr vorgebt, Juden zu sein, seid gar keine, die Schrift sagt, daß ihr der Synagoge Satans angehört, daß ihr Wachs in den Händen des Satans seid; man kennt eure Bösartigkeit auf der ganzen Welt, wie könntet ihr also die Erwählten Gottes des Allmächtigen sein? [...] Brüder und Schwestern, ihr seid das Volk, das

Gott gesegnet hat, das Volk, von dem die Bibel von Anfang bis Ende spricht, das Volk, von dem der Koran spricht, es gibt kein anderes Volk, um das Gott sich so kümmert wie um euch! [...] Ihr seid die Letzten, die Gott zu den Ersten machen wird [...] das verlorene Schaf der Bibel und der verlorene Sohn der Schrift [...].«

Man hört in diesen Äußerungen einen Nachhall der traditionellen, jahrhundertealten antijüdischen Polemik; es wäre jedoch ein Irrtum, wollte man die Rhetorik des Islamischen Volkes darauf reduzieren, ohne die spezifischen Formen zu analysieren, die diese Polemik in den Vereinigten Staaten der achtziger und neunziger Jahre annimmt. In den von uns zitierten Passagen der Rede »Warnung an die Juden« lassen sich verschiedene Bedeutungsebenen sowie eine Abstufung in der Argumentation unterscheiden. Ausgangspunkt ist die Nahostfrage. Wie Jackson, allerdings viel heftiger, stellt Farrakhan die Legitimation des Staates Israel in Frage, der auf »Lug und Trug« und die Beraubung der Palästinenser gegründet sei. Die Solidarität vieler amerikanischer Schwarzer mit der arabischen Welt, ihre Sympathien für die palästinensische Sache sind bekannte und bezeugte Tatsachen, die als solche noch keine Auseinandersetzung über Moral oder Wertvorstellungen auslösen. Darüber hinaus sind jedoch die Bindungen zwischen dem Islamischen Volk und der muslimischen Welt von großer Bedeutung, auch wenn sie vielen Wechselfällen unterworfen waren. Nach der von W. D. Muhammad eingeleiteten »Bewegung zur Berichtigung« zur muslimischen Orthodoxie hin hatte Farrakhan sehr harte Worte für die Araber gefunden, die sich seinem Konkurrenten gegenüber großzügig zeigten, und sie als Rassisten beschimpft. In der Folge nahm Farrakhan jedoch 1985 von Oberst Gaddhafi ein »unverzinsliches Darlehen« in Höhe von fünf Millionen Dollar an, nachdem er die ihm von dem libyschen Führer angebotenen Waffen und den Zugang zu den Ausbildungslagern, um »den Unterdrücker zu stürzen«, abgelehnt hatte. Der Führer des Islamischen Volkes unternahm zahlreiche Reisen in muslimische Länder und rühmt sich 1985 auf Einladung Abdallah Umar Nassifs, des Generalsekretärs der Islamischen Weltliga, einer Organisation unter dem Einfluß Saudi-Arabiens, der Pilgerfahrt nach Mekka; auf diese Weise spielt er seine dogmatischen Meinungsverschiedenheiten mit den tonangebenden Instanzen des Islam im Nahen Osten herunter. Und in den Monaten nach der irakischen Invasion Kuwaits und vor dem Golfkrieg nahm Farrakhan an verschiedenen von Abdallah Umar Nassif arrangierten Treffen teil, der bei den Muslimen der ganzen Welt um Unterstützung gegen den Irak Saddam Husseins nachsuchte. Da er die feindselige Einstellung zahlreicher Araber und Muslime gegenüber dem Staat Israel teilte, forderte Farrakhan automatisch die Angriffe proisraelischer Interessengruppen in den USA heraus, die bewußt jede antizionistische Äußerung mit Antisemitismus gleichsetzen.

Zur Unterscheidung dieser beiden Einstellungen greift Farrakhan auf den Begriff *gutter religion* zurück, den er für das Judentum verwendet hatte, und relativiert ihn, indem er ihn zugleich auf das Christentum anwendet, insofern dieses die Kolonialherrschaft, den Sklavenhandel und den Raub Amerikas von den Indianern rechtfertigte. Glaubt man ihm, so kann er um so weniger des Antisemitismus bezichtigt werden, als er semitischer als alle Juden Europas ist: »Das Wort semitisch als solches bezieht sich auf Afroasiaten. Wäre ich antisemitisch, dann wäre ich gegen mich selber. Die Araber sind ein semitisches Volk. *Semi* bedeutet Hälfte. Sie sind zwischen beiden. Was man als semitisches Volk bezeichnet, ist die Mischung aus dem Blut Afrikas, Asiens und Europas. [...] Die meisten derer, die mich als Antisemiten bezeichnen, sind selber keine Semiten. Es handelt sich bei ihnen um Juden, die sich in Europa zum jüdischen Glauben bekannt haben; man bezeichnet sie als aschkenasische Juden. Sie haben nichts im Nahen Osten zu suchen, sie sind Europäer.«

Dieses Argument, das sich einer erstaunlichen Etymologie bedient, um den Aschkenasim ihr »Semitentum« abzusprechen, stellt eine Parallele zu der Passage in der »Warnung an die Juden« dar, die unter Berufung auf die Schrift letzteren ihr Judentum abspricht, um sie auf »Wachs in den Händen Satans« zu reduzieren; derlei Äußerungen reihen sich in die Tradition einer bestimmten antijüdischen Polemik christlicher Kirchenväter ein.

Die abschließende Argumentation Farrakhans stellt den Anspruch der Juden, das »auserwählte Volk« zu sein, in Frage: Seiner Ansicht nach können sie wegen ihrer zahllosen Sünden gar nicht von Gott erwählt worden sein; vor allem aber ist der Platz des

»erwählten Volkes« bereits besetzt: Die Armen, die Ausgestoßenen, die Letzten, die unter dem Hirtenstab des Islamischen Volkes zusammengescharten Schwarzen Amerikas sind das wahre auserwählte Volk, das »wahre Israel« im biblischen Sinne des Wortes.

Wir haben den Eindruck, in dieser Absicht, ein »auserwähltes Volk« an die Stelle eines anderen zu setzen, wird das durchgehende Interpretationsschema sichtbar, mit dessen Hilfe sich die spezielle Form der antijüdischen Polemik, zu deren Herold sich Farrakhan macht, entschlüsseln läßt: Es ist die in religiöse Begriffe gekleidete Übersetzung und Erweiterung der Aufsplitterung der postmodernen Gesellschaft in einzelne Gemeinschaften, deren Prototyp die USA darstellen. Für die Ideologen des Kommunitarismus gibt es keine auf gemeinsame Werte gegründete Gesellschaft mehr, sondern nur die Gemeinschaft, die sich den Titel »auserwähltes Volk« zulegt und damit die anderen ausgrenzt, sowie eine andere, die ersterer dieses Attribut streitig macht, um es sich selber zuzuschreiben.

Um dieses Phänomen zu verstehen, empfiehlt es sich, die Entwicklung der Beziehungen zwischen Schwarzen und Juden seit den sechziger Jahren zu untersuchen; damals kämpften sie gemeinsam für die Integration, gegen ein amerikanisches Establishment, in dem Rassismus *und* Antisemitismus Hand in Hand gingen. Seit der Zeit zwischen den beiden Weltkriegen hatten diskriminierende Praktiken und Regelungen die Einführung ethnischer Quoten veranlaßt, mit denen die Anzahl jüdischer Studenten in Harvard und anderen angesehenen Universitäten begrenzt und Juden der Zutritt zu bestimmten privaten, der Öffentlichkeit zugänglichen Gebäuden untersagt wurde; vor allem gewisse Hotels machten in ihren Prospekten ausdrücklich darauf aufmerksam, »Hebräer« seien in ihrem Hause ebenso unerwünscht wie Tuberkulosekranke und Hunde. Dies hatte bei zahlreichen Juden das Gefühl einer Schicksals- und Kampfgemeinschaft mit anderen diskriminierten und verfolgten Gruppen, vor allem mit den Schwarzen, aufkommen lassen. Gewiß, die Schwarzen hatten unter sehr viel massiverer und planmäßigerer Verweigerung von Rechten und Unterdrückung zu leiden als die Juden, aber letztere hatten, so ein liberaler jüdischer Autor, »im Kampf der Schwarzen für ihre Rechte Elemente, die auch ihnen nützen konnten, sowie Bedingungen, mit denen sie sympathisierten, erkannt«. Für andere, zu deren Sprachrohr sich der berühmte schwarze Schriftsteller James Baldwin in einem Artikel machte, der seine Kindheit in Harlem heraufbeschwor, in der der Händler, der Hausbesitzer, der Wucherer, alles Juden, Werkzeuge der Unterdrückung der Schwarzen gewesen waren, »ist es nicht hinnehmbar, daß ein amerikanischer Jude uns sagt, er leide genauso wie ein amerikanischer Schwarzer. Das ist nicht wahr, und das erkennt man schon an der Art und Weise, wie er behauptet, es sei so.« Noch heute engagieren sich zahlreiche Juden in den wichtigsten antirassistischen Organisationen, vor allem dem NAACP (National Association for the Advancement of Colored People = Verband zur Förderung Farbiger), während gutsituierte Juden oder von ihnen geleitete Institutionen diese Bewegung in erheblichem Maße finanziell unterstützen.

»Bis Ende der fünfziger Jahre«, schreibt Nathan Glazer, »schien Assimilierung die wünschenswerte Folge des allmählichen Verschwindens der Vorurteile und der Diskriminierung zu sein, und Akkulturation (das Bestreben, der Mehrheit möglichst ähnlich zu werden) schien zu diesem Prozeß beitragen zu können. Dies war die vorherrschende Meinung der Liberalen [...] Auch wenn klar war, Schwarze und Weiße würden sich rassisch immer unterscheiden, wollte man dennoch, daß sie sich kulturell, sozial, wirtschaftlich und politisch einander angleichen, damit erstere schließlich einfach zu Amerikanern schwarzer Hautfarbe würden.« Ab Mitte der sechziger Jahre geriet diese »integrationistische« Sicht, die weder die schwarzen »Separatisten« wie Elijah Muhammad noch die zionistischen Aktivisten je akzeptiert hatten, heftig unter Beschuß, während die militanten Gruppen einen beträchtlichen Zulauf verzeichneten. Gettoaufstände, die Bewegung der Schwarzen Panther und die Überbetonung der schwarzen Identität einerseits, der Sechstagekrieg und die extreme Identifikation mit dem Staat Israel andererseits untergruben die theoretischen Grundlagen der Integration und Assimilation, sowohl in ihrer »bürgerlichen« wie auch in ihrer mit dem Marxismus sympathisierenden Version: Die jungen Eliten beider Bevölkerungsgruppen sahen ihr Heil in der Radikalisierung kommunitaristischer Vorstellungen, was ihnen gleichzeitig die Möglichkeit bot, die für Integration plädierenden Führer der älteren Generation zum Rücktritt zu drängen. Die Aktivisten der Black-Power-Bewegung in der Nachfolge von Malcolm X sahen im Ausschluß der Juden aus ihren Bewegungen eine Gelegenheit, ihren Kampf und ihr Schicksal selber in die Hand zu nehmen. In einem Interview mit einer multikulturellen Zeitschrift der extremen Linken erinnert Farrakhan an die Geschichte der Beziehungen zwischen Schwarzen und Juden seit der Schaffung der NAACP: »Diese Organisation ermöglichte es den einen wie den anderen, uns weiterzuentwickeln. Da, wo sie die Erfahrung der Schwarzen manipuliert und uns Unrecht getan hat, müssen wir jedoch darüber reden [...]; wir sind in dieser Beziehung immer noch in der schwächeren Position, einer Position der Unterlegenen. Und das wollen wir nicht. Damit die Schwarzen frei werden, müssen wir *völlig* diese von Unterlegenheit geprägten Beziehungen abbrechen und uns auf der Grundlage des gegenseitigen Nutzens, der Gleichheit und Gerechtigkeit neu konstituieren.«

1967/68 war in Ocean Hill-Brownsville, einem heruntergekommenen Stadtteil New Yorks, in dem früher arme eingewanderte Juden gelebt hatten und der nun vor allem von Schwarzen bewohnt wurde, eine Kontroverse von nationaler Tragweite ausgebrochen. An die Spitze des Unterrichtswesens dieses Stadtteils wurde ein schwarzer Lehrer, Rhody McCoy, berufen. Er stammte aus sehr bescheidenen Verhältnissen und war der erste in seiner Familie, der einen Hochschulabschluß schaffte; aufgefallen war er wegen seines pädagogischen Geschicks im Umgang mit Problemklassen. Bis zur Ermordung von Malcolm X gehörte er zu seinen treuesten Schülern, hatte regelmäßig den Tempel des Islamischen Volkes in Harlem besucht und an den Diskussionen, die dort in kleinem Kreis über Projekte der Organisation einer autonomen Gemeinschaft der Schwarzen geführt wurden, teilgenommen. Er stand für die jungen Eliten, die sich aus der Armut emporgearbeitet hatten und sich einige Jahre später weit zahlreicher um Farrakhan scharen sollten. In ihren Augen waren die Beziehungen zu den Juden nicht mehr die des Mieters zum Hausbesitzer oder des Schuldners zum Pfandleiher wie im Getto – um das Bild von James Baldwin aufzugreifen –, sondern von der Konkurrenz im Berufsleben geprägt, wo man durch eine subtile Mischung aus Beförderung nach Verdienst und Beziehungen an die Macht und die Mittel herankam. McCoy, in ein Amt berufen, in dem er die Möglichkeit hatte, das Unterrichtswesen in seinem Bezirk umzuorganisieren sowie Lehrer einzustellen und zu entlassen, wollte die Ideen zur »Kontrolle« der Erziehung »durch die Gemeinschaft«, die in seiner Zeit mit Malcolm X in ihm gereift waren, in die Praxis umsetzen. Anfänglich war sein Ziel, die Schule und das Viertel einander anzunähern, gegen das Versagen in der Schule und die Entfremdung der Schüler in ihrem Alltagsleben anzukämpfen. Er stellte Lehrer ein, die mit den Problemen der Schüler umzugehen verstanden, die an Ort und Stelle lebten, ihre Kultur und ihr Leiden mit ihnen teilten – das hieß für ihn: ausschließlich schwarze Lehrkräfte. Massive Auseinandersetzungen über den Inhalt der Lehrprogramme und die Auswahl der Lehrer durch Elternkomitees veranlaßten McCoy, ein Dutzend Lehrkräfte zu entlassen, darunter vor allem Juden. Daraufhin trat die New Yorker Lehrergewerkschaft, die zahlreiche Juden zu ihren Mitgliedern zählte, in den Ausstand, bis die Entlassungen rückgängig gemacht wurden. Die Affäre machte in der Presse Schlagzeilen, ohne daß man damals wußte, daß der Initiator des Ganzen seine Vorstellungen zur »Kontrolle durch die Gemeinschaft« aus den Predigten des Islamischen Volkes bezogen hatte. Als die Erzieher per Gerichtsbeschluß wieder eingestellt wurden, reichte McCoy seinen Rücktritt ein. Das löste bei einigen Schülern und Eltern im Viertel heftige Reaktionen aus, sahen sie darin doch einen rassistischen Akt, hinter dem der jüdische Vorsitzende der Lehrergewerkschaft stand. Die Kontroverse erreichte ihren Höhepunkt, als über den lokalen Rundfunk ein von einer der Schülerinnen verfaßtes Gedicht vorgetragen wurde. Es beginnt mit den Versen: »Kleiner Jude, mit deiner Kippa auf dem Kopf / Kleiner Jude mit dem bleichen Gesicht, ich wünsche dir den Tod«; des weiteren erklärt die Verfasserin, sie sei es leid, die Ohren mit dem Holocaust vollgequatscht zu bekommen, wo doch Hitler nur 15 Jahre an der Macht gewesen sei, während das Leiden der Schwarzen Amerikas seit 400 Jahren andauere. Außerdem erklärt sie, die »ursprünglichen Hebräer« seien die Schwarzen gewesen, denen die Juden ihre Religion gestohlen hätten und so weiter. Die Adressaten dieses Gedichts sorgten für seine Verbreitung. Die Folge war ein beträchtlicher Skandal, der dazu führte, daß vielen Schwarzen und Juden die Gegnerschaft der beiden Gemeinschaften deutlich bewußt wurde.

Bemerkenswerterweise tritt diese Gegnerschaft im Bereich der intellektuellen Bildung und der Übernahme von Wertvorstellungen zutage: Wie in der »Warnung an die Juden« von Farrakhan kreist der Streit um zwei große Themen der Identität. Welches ist das wahre auserwählte Volk, wer sind die »Hebräer«, was ist das ursprüngliche »Israel«? Von welchem Genozid ausgehend muß man die Geschichte der Menschheit neu schreiben, die spezifische Identität einer Gemeinschaft ausarbeiten, deren ungeheure Leiden sie zu Opfern *par excellence* machen, Leiden, die im Vergleich zu denen anderer unermeßlich waren? Einer Gemeinschaft, die aufgrund dieser Tatsache eine unbestreitbare moralische Legitimation besitzt?

Diese Diskussion beschränkt sich nicht auf die Beziehung zwischen Farrakhan und seinen jüdischen Gegnern in den Vereinigten Staaten. Beim Prozeß gegen Klaus Barbie 1987 in Lyon schlug sie sich in den Plädoyers der Verteidigung nieder, die betonte, die Auslöschung der Juden in Europa durch die Nazis sei nur insofern einzigartig, als Weiße die Opfer gewesen seien – wo doch Afrikanern und Asiaten während der gesamten Kolonialzeit eine ähnliche Behandlung widerfahren sei. Aber erst im Zusammenhang mit der übertriebenen Betonung der Identität von Gemeinschaften im Herzen der postindustriellen Gesellschaften wird ab den siebziger Jahren diese Auseinandersetzung mit Gewalt ausgetragen – im Dienste durchaus zeitgenössischer Ziele. Sobald sich Eliten von Gemeinschaften herausbilden, die spezifische Bevölkerungsgruppen zu mobilisieren gewillt sind, deren Identität sie in Gegnerschaft zur nationalen, schuldig gewordenen Identität – in diesem Fall ist sie für die »Assimilation«, die als kultureller Ethnozid geschildert wird, verantwortlich – neu definieren, ist es für die Glaubwürdigkeit dieser Eliten und ihres kommunitaristischen Projekts tatsächlich unbedingt notwendig, die Faktoren der Besonderheit und Unterschiedlichkeit zu vervielfältigen. Auf einer ersten Ebene spielen die Nahrungsverbote eine wichtige Rolle bei der Abgrenzung einer in sich geschlossenen Identität, weil sie in völlig banalen Tätigkeiten die Gemeinsamkeit mit anderen Individuen der Gesamtgesellschaft einschränken – und jede Kommunitarismusbewegung muß ihre Bedeutung betonen und ihre strikte Einhaltung fordern. Damit können die am besten durchorganisierten Gruppen ihre Anhängerschaft auch vom nationalen Markt abziehen und sie zum Konsum der von den Unternehmern der Gruppe verkauften Produkte zwingen – nach dem Beispiel der »königlichen Familie« Elijah Muhammads oder von einer religiösen Autorität zum Verkauf »reiner« Lebensmittel ermächtigter Firmen. Das wirksamste Kennzeichen der Identität einer Gemeinschaft, das Instrument *par excellence*, das die Unterscheidung des einen vom anderen und den Ausschluß des letzteren ermöglicht, bleibt die Berufung auf ein dramatisches, für die Gruppe identitätsstiftendes Ereignis, das, unabhängig von den konkreten gesellschaftlichen Situationen, welche die Bevölkerungsgruppen in ihrem tatsächlichen Werden durchleben, historisch unverrückbar bestehen bleibt. In den sogenannten abrahamitischen Kulturen stellen der Exodus, die Kreuzigung, die Hedschra die Archetypen eines solchen dramatischen, die Herausbildung der Gruppe initiierenden Ereignisses dar. Der Völkermord der Nazis und der Sklavenhandel waren Gegenstand einer Interpretation auf der gleichen Ebene, vor allem als man sich ab den siebziger Jahren ihrer im Zusammenhang mit der Aufsplitterung in Einzelgemeinschaften in der postindustriellen Ära bediente.

Colin Powell (mit Joseph E. Persico)
Vietnam

Meine Dienstzeit ging im Juli 1969 zu Ende. Rein beruflich gesehen, war sie ein Erfolg. Daß ich in der größten in Vietnam stationierten Division als Major die Stelle des G-3 bekleidet hatte, war eine glänzende Referenz. Und in meinen Beurteilungen wurde ich weiterhin in den höchsten Tönen gelobt. Ich erhielt den Orden »Legion of Merit«, und General Gettys verlieh mir für meinen Einsatz bei der Rettungsaktion nach dem Hubschrauberabsturz die »Soldier's Medal«. Das war die Bilanz meiner Dienstzeit in Vietnam aus der beruflichen Perspektive. Lange Zeit ließ ich nur diese Sicht zu: Ich war Offizier, tat meinen Dienst, gab mein Bestes und war »bereit, ein Soldatengrab zu füllen«.

Aber mit der Zeit weitete sich mein Blickwinkel, und ein anderer Teil von mir begann, sich mit den Erfahrungen in Vietnam kritischer auseinanderzusetzen. Ich war 1962 mit einem festen Fundament aus Prinzipien und Überzeugungen nach Südostasien gekommen, und dieses Fundament war durch Euphemismen, Lügen und Selbsttäuschung ausgehöhlt worden. Die verhängnisvolle Schönfärberei, mit der ich erstmals in Gelnhausen konfrontiert worden war, wurde während meiner ersten Dienstzeit in Vietnam gewissermaßen nach Südostasien exportiert und hatte während meiner zweiten Dienstzeit ihren Höhepunkt erreicht. Nehmen wir nur die Abkürzung KHA für »killed by hostile action« (etwa: »durch Feindeinwirkung gefallen«). Sie nahm dem sachlichen, bislang benutzten und vertrauteren Ausdruck KIA für »killed in action« (»im Einsatz gefallen«) etwas von seinem Stachel, als wolle man vor der Öffentlichkeit zu Hause verschleiern, was in den Reisfeldern Vietnams wirklich geschah. Mit solchen feinen Unterscheidungen führten die Bürokraten freilich nur sich selbst hinters Licht. Ähnlich verhielt es sich mit den Marineinfanteristen, die im Zweiten Weltkrieg und im Koreakrieg »Marine Expeditionary Forces« (MEF) geheißen hatten. In Vietnam wurden sie zu MAF, »Marine Amphibious Forces«, umbenannt. Der Grund lag auf der Hand. Weil nämlich der Ausdruck »Expeditionary« bei den Amerikanern Bilder von Männern heraufbeschwor, die zum Kämpfen und Sterben nach Übersee geschickt wurden. Landungsübungen mit Amphibienfahrzeugen wurden dagegen auch in North Carolina durchgeführt. Aber wem außer sich selbst konnte die Army damit etwas vormachen? Jahre später, nachdem ich Vorsitzender der Vereinten Stabschefs geworden war, schaffte der Chef des Marineinfanteriekorps, General Alfred M. Gray, diese verschleiernden Begriffe aus der Vietnam-Ära wieder ab. Die Marineinfanteristen verließen das Land wieder zu militärischen Expeditionen. Der General verhalf den MEF löblicherweise wieder zu ihrer alten Stellung.

In der Vietnam-Ära wurden Berichte über die Gefechtsbereitschaft und den Ausbildungsstand der Truppe routinemäßig geschönt. Es ging mehr um einen gefälligen Eindruck und die Verschleierung von Mängeln als um realistische Einschätzungen und korrigierende Maßnahmen. In Jubelmeldungen schnitten alle als »überdurchschnittlich« ab. Offenbar glaubte man, mit Sprachkosmetik die Wirklichkeit verändern zu können, und verlor so den Kontakt zur Realität. Auch von der Technik ließ man sich blenden: Der Feind war primitiv, und wir waren die Nation mit der fortschrittlichsten Technologie auf der Welt. Daß dem unbestreitbar so war, belegten technische Wunderwerke wie der »Menschenschnüffler«, ein Gerät aus McNamaras Werkstatt, das vom Flugzeug aus Konzentrationen von Urin am Boden aufspürte (und von den gleichen Kreisen propagiert wurden, die später mit Agent Orange aufwarteten). Urin, der in mutmaßlichem Feindgebiet entdeckt wurde, lieferte unserer Artillerie ein Ziel. Wehe den Bauern oder Wasserbüffeln, die sich zufällig am falschen Ort erleichterten. Der Menschenschnüffler war typisch für die sogenannte McNamara-Linie, eine Reihe elektronischer Sensoren, die über das Land verteilt und jede Feindbewegung vom Ho-Chi-Minh-Pfad aus melden sollten, ein von Anfang an zum Scheitern verurteiltes Unternehmen.

Der Orden »Legion of Merit«, den ich erhalten hatte, hätte mir in einem Krieg, in dem Medaillen nicht wahllos verteilt wurden, sicher mehr bedeutet. Ich erinnere mich, daß ich als G-3 der Division auf einem Artilleriestützpunkt an der feierlichen Übergabe des Bataillonskommandos teilnahm. Der scheidende Kommandeur wurde nach sechsmonatiger Dienstzeit mit drei »Silver Stars«, der dritthöchsten Tapferkeitsmedaille der USA, und zahlreichen weiteren Medaillen ausgezeichnet. Er hatte seine Aufgaben anständig und gelegentlich auch tapfer erfüllt. Und er war bei seinen Männern beliebt. Aber nun mußten die Soldaten antreten und sich Lobhudeleien auf ziemlich durchschnittliche Leistungen anhören. In Vietnam wurden so viele Auszeichnungen verliehen, daß es geradezu eine Kunst war, sie in der Verleihungsrede zu rechtfertigen. Das fast regelmäßig vergebene »Gesamtpaket« für einen scheidenden Bataillonskommandeur bestand in einem »Silver Star«, einer »Legion of Merit« und in »Air Medals«, wobei man letztere allein schon dafür bekam, daß man die Flugzeiten eines Hubschraubers protokolliert hatte. Das Paket wurde angenommen, weil alle es annahmen, aber es schmälerte die Leistungen der wahren Helden, die sich, gleich ob einfacher Soldat oder Oberst, tatsächlich durch besondere Tapferkeit ausgezeichnet hatten. Ich weiß noch, wie ich bei der Verleihung der drei »Silver Stars« die Gesichter der Soldaten ansah und wie mir bewußt wurde, daß dies alles Irrsinn war und daß wir Soldaten herbefohlen hatten, um diesen Irrsinn zu bezeugen. Was wollten wir ihnen damit deutlich machen? Daß Unfug funktioniert? In der Army hatte sich die verhängnisvolle Neigung breitgemacht, sich am äußeren Schein zu orientieren, und dies galt auch für mich.

Finstere Episoden wie My Lai waren teils auch das Ergebnis einer anderen, mit Besessenheit verfolgten Fiktion, dem »Leichenzählen«, diesem schauerlichen Erfolgsmaßstab, den der Vietnamkrieg uns beschert hat. So hatte die 11. Infanteriebrigade für ihre 128 in My Lai getöteten »Feinde«, bevor die Wahrheit ans Licht kam, ein besonderes Lob erhalten. Das Pentagon stand unter Druck, den horrenden Einsatz des Landes an Menschenleben und Geld zu rechtfertigen, und so brauchte die Army für ihre militärischen Erfolge dringend eine Meßlatte. Welche Erfolge hatte man im wöchentlichen Lagebericht schon vorzuweisen? Eine eroberte Höhe? Ein Tal? Einen Weiler? Da so etwas kaum Eindruck machte, bildeten Leichen den Maßstab. Zählungen der feindlichen Verluste waren problematisch: Während die Presse unsere eigenen Verluste ganz genau kannte, weil die Reporter nur die ausgeflogenen Särge zu zählen brauchten, hatten wir für unsere Erhebung kaum Anhaltspunkte. Die Vietcong und die Nordvietnamesen benutzten keine Särge und verstanden es zudem geschickt, das Gefecht abrupt zu unterbrechen und mit ihren Toten zu verschwinden. Auch erbeutete Waffen hätten als Maßstab für militärische Erfolge dienen können, aber die hätte man den Reportern vorlegen müssen, während man bei der Angabe feindlicher Verluste die »Beweisstücke« schuldig bleiben durfte. So zogen die Truppen allabendlich Bilanz: »Wie viele hat Ihr Zug erwischt?« »Ich weiß nicht, zwei haben wir sicher gesehen.« »Nun, wenn Sie zwei gesehen haben, dann waren es wahrscheinlich acht. Schreiben wir also zehn.« Das Leichenzählen entwickelte sich zu einem makaberen Wettbewerb, bei dem die einzelnen Kompanien, Bataillone und Brigaden untereinander konkurrierten. Hohe Verluste des Feindes sprachen für einen fähigen Kommandeur, der mit baldiger Beförderung rechnen konnte. Und angesichts inflationär in die Höhe schnellender Verlustzahlen konnte es sich kaum einer leisten, bei der Zählung nicht großzügig zu sein.

Der Feind erlitt tatsächlich horrende Verluste. Aber das machte kaum einen Unterschied. Ein Militärstatistiker formulierte es so: Man verrechne die Verluste des Gegners mit den eigenen Kriegskosten und den politischen Folgen im eigenen Land. Solange der Gegner zu jedem Opfer bereit war, verloren Verlustrechnungen jede Bedeutung. Und unser Feind war offenbar zu allem bereit und zog die Kriegsbilanz auf seine Weise. Wir versuchten stets, ihn in eine Entscheidungsschlacht zu zwingen und ihm ein Waterloo zu bereiten, aber er wich einfach immer wieder aus. Ganz gleich, wie hart wir zuschlugen, die nordvietnamesischen Verbände zogen sich ins Hochland oder nach Laos zurück, versorgten sich mit neuen Waffen, formierten sich wieder und kehrten in den Kampf zurück. Und dann lieferten sie sich auf dem schmalen Streifen zwischen den Bergen und der Küstenebene von Vietnam mit unseren Soldaten einen endlosen Kleinkrieg. Jeden Freitagabend rechneten wir die feindlichen Verluste der Woche zusammen, gingen dann zu Bett und hatten eine weitere Woche des Tötens und Sterbens vor uns.

Am Ende meiner ersten Dienstzeit hatte ich geschätzt, wir würden zur Erfüllung unserer Mission eine halbe Million Mann brauchen. Sechs Jahre später, während meiner zweiten Dienstzeit, hatte die amerikanische Truppenpräsenz einen Höchststand von 543 000 Mann erreicht, und das war noch immer nicht genug. Angesichts der territorialen Gegebenheiten, der besonderen Kriegführung der Nordvietnamesen und der Vietcong und ihrer Opferbereitschaft war unsere Aufgabe mit keiner Truppenstärke, die in den USA politisch durchsetzbar gewesen wäre, zu erfüllen.

Aus meiner Zeit als stellvertretender Bataillonskommandeur erinnere ich mich an einen jungen Soldaten, der auf eine Mine getreten war. Sein Bein war zerfetzt, seine Brust durchlöchert. Wir legten ihn auf eine Bahre und fuhren ins nächste Lazarett nach Duc Pho, etwa fünfzehn Autominuten entfernt. Nie werde ich den Ausdruck auf diesem kindlichen Gesicht vergessen: eine Mischung aus Schrecken, Angst, Neugierde und vor allem Verständnislosigkeit. Er versuchte zu sprechen, brachte aber kein Wort heraus. Seine Augen schienen zu fragen: »Warum?« Ich hatte auf die Frage damals keine Antwort und habe sie heute noch nicht. Er starb noch vor der Ankunft in Duc Pho in meinen Armen.

Ich habe kürzlich noch einmal Bernard Falls Buch über Vietnam, »Dschungelkrieg«, gelesen. Fall macht darin schmerzlich deutlich, mit welcher Blindheit wir in den Vietnamkrieg hineingestolpert sind. Ich bin überzeugt: Wenn Präsident Kennedy oder Präsident Johnson dieses Buch an einem ruhigen Wochenende in Camp David gelesen hätten, so hätten sie sich am nächsten Montag im Weißen Haus sofort Gedanken darüber gemacht, wie sie uns aus diesem Treibsand wieder herausholen könnten. In den Jahren zwischen meinem ersten und meinem zweiten Vietnam-Aufenthalt hatte sich an der Logik von Captain Hieus Erklärung – der Vorposten soll den Landeplatz schützen, und der Landeplatz soll den Vorposten versorgen – nichts geändert, sie galt jetzt sogar noch umfassender. Wir waren hier, weil wir hier waren ...

Der Krieg ist das allerletzte Mittel der Politik. Wenn man in den Krieg zieht, braucht man ein Ziel, das die Bevölkerung des Landes begreift und unterstützt. Zur Erfüllung einer militärischen Aufgabe müssen Ressourcen mobilisiert und ein Sieg erzwungen werden. Der Krieg in Vietnam wurde dagegen nur halbherzig geführt. Einem großen Teil der Nation war er zuwider oder gleichgültig. Und eine kleine gesellschaftliche Gruppe mußte ihn ausbaden.

In Vietnam habe ich soviel Tapferkeit erlebt, wie man es in jedem Krieg erwartet. Ich bin stolz auf meinen Dienst in der Americal Division, in der wir glanzvolle Augenblicke erlebten und hervorragende Soldaten hatten. In der gleichen Division diente auch Lieutenant Colonel H. Norman Schwarzkopf. Er, ich und viele andere, die später eine größere militärische Verantwortung übernahmen, haben in Vietnam nützliche Erfahrungen gesammelt. Ich bin stolz auf die amerikanischen Soldaten, die ihrer Einberufung selbstlos gefolgt sind, obwohl dieser Krieg von der politischen Führung ihres Landes erbärmlich vorbereitet, geführt und erklärt worden war. Dutzende meiner Freunde sind in diesem Krieg gefallen. Ein so kleiner Kreis wie die Pershing Rifles vom CCNY (City College of New York) verlor in Vietnam 1968 sein drittes Mitglied, John Young. Genau um dieses Heldentum und diese Opferbereitschaft geht es: Mut und Menschenleben dürfen nicht an unklare Ziele verschwendet werden. Ein militärischer Einsatz braucht den Rückhalt und das vorbehaltlose Engagement der Nation.

Ich verurteile vor allem die Art und Weise, wie unsere politische Führung die Soldaten für diesen Krieg rekrutiert hat. Die Methoden, nach denen über Einberufung oder Zurückstellung, über Dienst oder Freistellung, über Leben und Tod entschieden wurde, waren zutiefst undemokratisch. Nie werde ich den Zynismus einer Führung vergessen, die praktisch nach dem Motto vorging: Ärmere, schlechter ausgebildete und unterprivilegierte junge Männer sind (als »ökonomisches Kanonenfutter«, wie sie jemand bezeichnet hat) notfalls entbehrlich, aber die wertvolle Elite des Landes darf nicht aufs Spiel gesetzt werden. Wütend macht mich, wie viele Söhne aus einflußreichem und gutsituiertem Hause und wie viele Berufssportler (die körperlich wohl leistungsfähiger waren als wir alle) in der Reserve oder in der Nationalgarde unterkriechen konnten. Diese eklatante soziale Diskriminierung ist eine der zahlreichen Tragödien des Vietnamkrieges. Sie hat den Glauben an das amerikanische Ideal, wonach alle Bürger des Landes gleich sind und ihm gleiche Gefolgschaft schulden, am schwersten erschüttert.

Zur gleichen Zeit, als ich meine Meinung über den Krieg zu ändern begann, vollzog sich der gleiche Gesinnungswandel in der gesamten Armee. Wir sahen ein, daß wir im Dienste einer Außenpolitik eingesetzt worden waren, die sich jetzt als völliger Fehlschlag erwies. Die Führung hatte uns nach der Einheitslogik des Antikommunismus in den Krieg geschickt, doch diese Logik ließ sich auf Vietnam nur teilweise anwenden: Der dortige Kampf hatte seine historischen Wurzeln im Nationalismus, im Krieg gegen den Kolonialismus und in sozialen Konflikten, die unabhängig vom Ost-West-Konflikt bestanden. Die erfahreneren Offiziere wußten, daß es um diesen Krieg schlecht bestellt war, aber sie beugten sich dem Gruppenzwang und hielten den Schein aufrecht: das trügerische Maß des Leichenzählens, die Illusion der Wehrdörfer und die übertriebenen Erfolgsmeldungen. Das gesamte Militär war nicht in der Lage, den Politikern und sich selbst die Wahrheit einzugestehen. Niemals sagten die obersten Befehlshaber dem Verteidigungsminister oder dem Präsidenten ins Gesicht: »Wenn wir diesen Krieg so führen, können wir ihn nicht gewinnen.« Viele Berufsoffiziere meiner Generation, Captains, Majors und Lieutenant Colonels, die aus diesem Krieg gestählt hervorgegangen waren, schworen sich eines: Sollten sie eines Tages in Schlüsselpositionen gelangen, würden sie einen halbherzig geführten Krieg für ein Ziel, das die amerikanische Öffentlichkeit weder verstand noch unterstützte, nicht stillschweigend hinnehmen. Wenn wir dieses Versprechen, das wir uns selbst, der politischen Führung und unserem Vaterland gegeben haben, einlösen können, sind die Opfer, die in Vietnam gebracht worden sind, nicht völlig umsonst gewesen.

Hans-Jochen Vogel
Deutschlandpolitik

Mit dem 3. Oktober 1990 hatte ein besonders schwieriges Kapitel unserer Nachkriegsgeschichte sein Ende gefunden. Es liegt deshalb nahe, an dieser Stelle ein Resümee der sozialdemokratischen Deutschlandpolitik zu ziehen. Auf einzelne Aspekte dieser Politik bin ich schon im zeitlichen Zusammenhang eingegangen. Hier geht es mir um eine Gesamtbeurteilung und um die Auseinandersetzung mit den von konservativer Seite kontinuierlich gegen diese Politik erhobenen Vorwürfen.

Ausgangspunkt der sozialdemokratischen Deutschlandpolitik war die Erkenntnis, daß die Konfrontation des Kalten Krieges, die im August 1961 mit dem Bau der Mauer ihren Höhepunkt erreichte, zur völligen Einsperrung der Menschen in der DDR und in Ost-Berlin und zur Unterbrechung fast aller persönlichen Beziehungen zwischen Ost und West geführt hatte. Diese Tatsache und die Reaktion der westlichen Verbündeten auf den Mauerbau – sie ging bekanntlich über Proteste und eine Bestandsgarantie für West-Berlin nicht hinaus – ließen die Sozialdemokratie erkennen, daß ein Wandel der Verhältnisse nicht durch Konfrontation oder durch verstärkten äußeren Druck, sondern nur durch konkrete Schritte zur Verbesserung der Beziehungen zur Sowjetunion und zur DDR erreicht werden konnte. Und ebenso, daß die Wahrung und Sicherung des Friedens der nationalen Frage vorgeordnet war. Ein Wandel in Europa konnte sich nur im Frieden vollziehen. Ein Krieg hätte gerade für Mitteleuropa die völlige Zerstörung dessen bedeutet, was unter Beachtung des Prinzips der freien Selbstbestimmung von neuem zusammengefügt werden sollte. Das war die Geburtsstunde des von Willy Brandt und Egon Bahr entwickelten Konzepts des Wandels durch Annäherung, das sich die Partei – nicht ohne lebhafte Auseinandersetzungen – im Laufe einiger Jahre zu eigen machte.

Ziel dieser neuen Deutschlandpolitik war es, die Folgen der deutschen Teilung für die davon betroffenen Menschen – also vor allem für die Menschen in der DDR – zu lindern, ihre Lebensverhältnisse zu verbessern, die Nation als Geschichts-, Kultur-, Sprach- und Gefühlsgemeinschaft zu bewahren und auf einen Zustand des Friedens in Europa hinzuwirken, in dem das deutsche Volk in freier Selbstbestimmung die Einheit und Freiheit Deutschlands vollenden kann. Eingebettet war diese Politik in eine Ostpolitik, die den durch den Zweiten Weltkrieg geschaffenen Gegebenheiten Rechnung trug und die Westintegration der Bundesrepublik durch die Normalisierung der Beziehungen zur Sowjetunion und zu den mittelosteuropäischen Nachbarn Deutschlands – den Mitgliedern des sogenannten Warschauer Paktes – ergänzte. Die entscheidenden Schritte auf diesem Weg waren der Moskauer Vertrag nebst dem Brief zur deutschen Einheit, das Vier-Mächte-Abkommen über Berlin, das Transitabkommen, der Grundlagenvertrag und die Schlußakte von Helsinki. Alle diese Vereinbarungen sind in der Zeit sozialdemokratischer Regierungsverantwortung gegen den Widerstand der damaligen Opposition, also der Union, zustande gekommen.

Vielen ist heute nicht mehr gegenwärtig, daß die Union Willy Brandt wegen der Ostverträge als Bundeskanzler stürzen und daß sie Helmut Schmidt noch im Juli 1975 – Helmut Kohl war damals schon Vorsitzender der Union – an der Unterzeichnung der Schlußakte von Helsinki hindern wollte. Die Ergebnisse von Helsinki – so hieß es in der Begründung des entsprechenden Antrags – drohten »zu Instrumenten zur Durchsetzung langfristiger sowjetischer Interessen insbesondere in Deutschland zu werden, die elementaren Interessen des Westens in Europa zuwiderlaufen«. Das war ein fundamentaler Irrtum! Mit ihrem Nein zu Helsinki befand sich die Union übrigens in merkwürdiger Gesellschaft. Außer ihr lehnten nämlich damals nur die albanischen Kommunisten und die italienischen Neofaschisten Helsinki und die dort vereinbarte Schlußakte ab. Zumindest als Fußnote gehört in diesen Zusammenhang der Hinweis, daß die Union als Regierungspartei den Beitritt der Bundesrepublik zum Vertrag über die Nichtverbreitung von Kernwaffen hartnäckig abgelehnt hat. Das sei ein Versailles in kosmischen Ausmaßen, meinte Franz Josef Strauß damals. Erst die sozial-liberale Koalition holte dann im November 1969 das nach, wozu auch die große Koalition nicht fähig gewesen war. Das von der sozialliberalen Koalition vertretene Konzept der Sicherheits- und Verantwortungspartnerschaft erwies sich unter all diesen Aspekten als das konstruktivere.

Die sozialdemokratische Deutschlandpolitik hat während der Regierungszeit der Bundeskanzler Brandt und Schmidt zu beachtlichen Resultaten geführt. So stieg beispielsweise bis zum Jahre 1982 die Zahl der Bundesbürger, die die DDR besuchen konnten, auf sechs Millionen und die der Menschen, die aus der DDR in die umgekehrte Richtung reisten, auf zwei Millionen – also gegenüber 1969 bei den Reisen in die DDR auf mehr als das Fünffache und bei den Reisen aus der DDR in die Bundesrepublik auf das Zweieinhalbfache. Die wirtschaftlichen Beziehungen entwickelten sich günstig. Die Akkreditierung westdeutscher Journalisten ermöglichte insbesondere mit Hilfe der elektronischen Medien eine für die Menschen in der DDR wahrnehmbare kritische Begleitung der Vorgänge in der DDR durch dort anwesende Beobachter. Der Transitverkehr von und nach Berlin verlief nahezu störungsfrei, und die Einbeziehung West-Berlins in das Rechts-, Wirtschafts- und Finanzsystem der Bundesrepublik und in ihr politisches, gesellschaftliches und kulturelles Leben war kaum mehr Gegenstand ernsthafter Kontroversen. Auch die internationalen Berlinkrisen, die die Welt bis an den Rand nuklearer Konfrontationen geführt hatten, gehörten der Vergangenheit an.

Die Union hatte ungeachtet ihrer öffentlichen Polemik und des häufig erhobenen Vorwurfs, die Sozialdemokratie verrate deutsche Interessen, schon während dieser Zeit vertrauliche Kontakte zur SED-Führung geknüpft. Hauptsächlicher Verbindungsmann war auf seiten der Union seit 1975 Walther Leisler Kiep; später waren daran auch Peter Lorenz, Ottfried Hennig und Gerhard Stoltenberg beteiligt. Die DDR werde mit einer von der CDU geführten Bundesregierung »letztendlich besser zurechtkommen als mit der labilen sozial-liberalen Koalition. Konservative Politiker hätten weit mehr Möglichkeiten, mit der DDR zusammenzuarbeiten, als die jetzige Regierung« – so lautete spätestens seit 1978 die Botschaft, die die Unionsführung Erich Honecker zukommen ließ.

Im Einklang damit hat Helmut Kohl nach seiner Wahl zum Bundeskanzler Erich Honecker alsbald versichert, es gelte auf Grund der Verträge das »mühsam Aufgebaute« fortzuentwickeln. Er,

Kohl, wolle nichts unternehmen, um ihn, Honecker, in eine »ungute Lage zu bringen«. Kohl hat denn auch die Deutschlandpolitik seiner Vorgänger im großen und ganzen kontinuierlich fortgesetzt. Mit der Zustimmung zu dem von Franz Josef Strauß 1983 initiierten und von der Bundesregierung verbürgten Milliardenkredit, dem 1984 ein von der Öffentlichkeit weniger beachteter zweiter Kredit in Höhe von drei Milliarden folgte, von dem die DDR allerdings nur eine erste Rate abrief, hat die von ihm geführte Koalition sogar stärker und direkter zur Stabilisierung der DDR und ihres internationalen ökonomischen Ansehens beigetragen, als das bis dahin seitens der Bundesrepublik geschehen war. Auch diese Politik hatte für das deutsch-deutsche Verhältnis, für die Milderung der Teilungsfolgen und für die Situation entlang der Grenze der beiden Blöcke überwiegend günstige Konsequenzen, und zwar auch während der Spannungen zur Zeit der beiderseitigen Raketenstationierungen. Wir haben diese Politik daher – unbeschadet kritischer Kommentare zu einzelnen Punkten – begrüßt und, wo notwendig, unterstützt. Dies insbesondere dann, wenn Kohl und noch mehr Hans-Dietrich Genscher, der die Kontinuität verkörperte, mit ihrer Linie auf den Widerstand der Hardliner innerhalb der Union stießen.

Damit haben wir uns allerdings nicht begnügt. Wir haben vielmehr auch als Opposition immer wieder deutschlandpolitische Initiativen entfaltet, die ich im Detail beschrieben habe. Sie dienten dem gleichen Ziel wie die Deutschlandpolitik während unserer Regierungszeit und haben auf ihre Weise auf die Entwicklung in der DDR beachtlichen Einfluß genommen. Für das gemeinsame Papier des Jahres 1987 habe ich das schon dargetan. Um die Jahreswende 1991/92 hat mir eine ganze Reihe von Bürgerrechtlern auf meine Anfrage hin die für sie positiven Auswirkungen des Papiers ausdrücklich bestätigt. Und Rainer Eppelmann – also ein ganz unverdächtiger Zeuge – hat das in seinem 1993 erschienenen Buch »Fremd im eigenen Haus« mit den Worten bestätigt: »Das Papier nutzte der SED letzlich nicht viel, uns brachte es aber taktische Vorteile im Umgang mit unserer Staatsführung.« Inzwischen ist auch ein Vermerk bekannt geworden, aus dem hervorgeht, daß Erich Mielke noch im April 1989 gegenüber dem Vizechef des KGB Leonid Schebarschin diejenigen heftig kritisierte, die von der

SED-Führung verlangten, den Inhalt des Papiers zu verwirklichen – gemeint war offenbar die damalige sowjetische Führung unter Gorbatschow. Das unterstreicht, welche Unruhe das Papier in der SED ausgelöst hat. Von nicht wenigen SED-Mitgliedern wurde es dahin gedeutet, daß nunmehr ein Reformkurs im Sinne Gorbatschowscher Vorstellungen auch in der DDR eingeschlagen werden solle. Die Union und vor allem ihre Hardliner polemisierten also gegen ein Papier in bezeichnender Übereinstimmung mit den Hardlinern in der SED-Führung. Eine Parallelität, die nicht nur in diesem Falle zu beobachten war.

Die Angriffe der Union gegen uns waren und sind aber auch sonst unbegründet. Wir haben als Partei zu keiner Zeit die gemeinsame Staatsangehörigkeit oder die Präambel des Grundgesetzes in Frage gestellt. Und wir haben die Frage der deutschen Einheit völkerrechtlich und politisch stets offengehalten. Die Bedeutung der Formulierung, die Staatsbürgerschaft der DDR solle respektiert werden, und die Tatsache, daß Herr Schäuble diese Formulierung gegenüber der DDR-Führung ebenso und im gleichen Sinne gebraucht hat, habe ich schon erwähnt. Aber auch in der – irrigen – Einschätzung des Zeitpunktes, zu dem die deutsche Einigung aktuell werden könnte, gab es zwischen der Union und uns keinen Unterschied.

Noch 1988 legten die Herren Geißler und Schäuble und Dorothee Wilms, die damalige Bundesministerin für innerdeutsche Beziehungen, den Entwurf eines Leitantrags für den CDU-Parteitag vor, in dem es heißt:

»Unter den Bedingungen der andauernden Teilung Deutschlands ist die Politik des Dialogs, der praktischen Zusammenarbeit und der vertraglichen Abmachungen mit der DDR der geeignete Weg, um den Menschen im geteilten Deutschland konkret zu helfen.«

Und Helmut Kohl selbst meinte noch im August 1989 in einem Interview:

»Die Zeichen der Zeit stehen auch für die Einigung Europas. Die Einheit der Deutschen ist nach meiner festen Überzeugung nur unter einem europäischen Dach – ich zitiere hier bewußt Franz Josef Strauß – zu denken. Das dauert natürlich alles seine Zeit.«

Die Liste solcher Zitate ließe sich noch beliebig verlängern.

Kürzer als die Liste unserer Irrtümer zu diesem Punkt wäre sie jedenfalls nicht. Es hat eben keiner die rasche Implosion – wie Heinrich Potthoff es zutreffend nennt – des kommunistischen Herrschaftssystems vorausgesehen oder auch nur vorausgeahnt.

Nuancen gab es innerhalb der SPD bei den Aussagen zur Nation und in der Beurteilung des Stellenwerts der nationalen Einheit. Nicht alle folgten hier den von mir stets konsequent vertretenen Grundsatzbeschlüssen der Partei. Manche hatten sich zu sehr in der Zweistaatlichkeit eingerichtet und darüber das eigentliche Ziel der sozialdemokratischen Deutschlandpolitik aus den Augen verloren. Aber wiederum hätten sie sich auf entsprechende Aussagen von Unionspolitikern berufen können. Etwa auf Dorothee Wilms, die 1988 in einem Vortrag in Paris ausführte:

»Der Nationalstaat um seiner selbst willen, das ist weder der Auftrag des Grundgesetzes, noch entspricht dies unserem politischen Bewußtsein.«

Auch mit der Behauptung, wir hätten uns zuwenig um die oppositionellen Kräfte in der DDR gekümmert, habe ich mich schon auseinandergesetzt. Sicher kann man darüber streiten, ob wir nicht noch mehr hätten tun sollen. Egon Bahr beispielsweise hat im nachhinein kritisch – und selbstkritisch – erwogen, daß der Umgang mit den Machthabern vielleicht zu sehr im Vordergrund stand. Immerhin heißt es aber in einer Information Mielkes für die Mitglieder des Politbüros vom Sommer 1989:

»Beachtenswert sind auch die Kontakte politischer Führungskräfte der SPD zu feindlichen, oppositionellen Kräften in der DDR. Neben der Informationsabschöpfung über Vorhaben und konkrete feindlich-negative Aktivitäten dieser Kräfte einschließlich der darauf erfolgten staatlichen Reaktionen wird der Inhalt derartiger Kontakte wesentlich dadurch bestimmt, diese DDR-Kontaktpartner in ihrem subversiven Wirksamwerden zu bestärken, ihnen Orientierungen für sogenannte Alternativprogramme sozialreformistischen Inhalts zu vermitteln und Handlungsanleitungen für feindlich-negative Aktivitäten unter demagogischer Bezugnahme auf Aussagen des gemeinsamen Dokuments SED–SPD zu geben.«

Auch spricht nichts dafür, daß die Entwicklung in der DDR beschleunigt worden wäre, wenn wir unsere Bemühungen in diese

Richtung noch verstärkt hätten. Zum einen gab es in der DDR bis in den Sommer 1989 hinein wohl eine wachsende Fluchtbewegung und Widerstandskerne im Bereich der Friedens- und Ökologiebewegung, aber keine oppositionellen Strukturen, die denen der Solidarność in Polen vergleichbar gewesen wären.

Bleibt der Vorwurf eines zu vertrauten, ja kumpelhaften Umgangs mit der SED-Spitze und Angehörigen des SED-Apparats. Gewiß gab es da auf unserer Seite Äußerungen und Verhaltensweisen, die besser unterblieben wären und im nachhinein geradezu peinlich wirken. Aber niemand aus unserer Führungsebene erreichte jemals den Grad an inniger Vertrautheit, ja Intimität, wie sie Franz Josef Strauß im Umgang mit Herrn Schalck-Golodkowski praktizierte. Mindestens dreiundzwanzigmal traf er sich mit ihm, darunter des öfteren auch in seiner Privatwohnung. Und weitere zwanzigmal sprach der Rosenheimer Fleischgroßhändler und frühere CSU-Schatzmeister Josef März mit Schalck-Golodkowski im Auftrag von Franz Josef Strauß. Ein Blick in die Aufzeichnungen über diese Treffen und Gespräche zeigt, daß es hier keinerlei Zurückhaltung oder Grenzen gab – nicht einmal in bezug auf abschätzige Bewertungen sogenannter Parteifreunde oder auf NATO-Interna. Auch Herr Schäuble ließ es an enger Verbundenheit mit dem Genannten nicht fehlen. Die fürsorgliche Behandlung, die Herrn Schalck-Golodkowski nach seinem Übertritt in die Bundesrepublik im Januar 1990 zuteil wurde, spricht da Bände. Sie ging so weit, daß der Pressesprecher der Generalbundesanwaltschaft Schalck-Golodkowski Ratschläge gab, wie er sich gegenüber bundesdeutschen Medien verhalten sollte. Die Union sitzt da in einem Glashaus, aus dem sie besser keine Steine werfen sollte.

Als Fazit leite ich aus all dem die Feststellung ab: Die sozialdemokratische Deutschlandpolitik und ihre Fortsetzung durch Helmut Kohl hat geleistet, was unter den gegebenen und den voraussehbaren Umständen möglich war. Das gilt auch für unsere deutschlandpolitischen Aktivitäten nach 1982. Der Streit über diese Politik war ungeachtet seiner Heftigkeit deklaratorischer, wenn nicht sogar deklamatorischer, und gelegentlich auch denunziatorischer Natur. Den Konsens in den Grundfragen hat er unberührt gelassen.

Für den eigentlichen Einigungsprozeß lautet mein Fazit nicht wesentlich anders. Bis zum 28. November – das ist der Tag, an dem Kohl und ich fast zur gleichen Stunde den Konföderationsgedanken vortrugen – liegt das auf der Hand. Dann ergab sich eine gewisse zeitliche Divergenz, weil Kohl im Besitz der Regierungsmacht der Dynamik rascher folgen konnte als wir. Ich mußte meine Kraft darauf konzentrieren, daß die Partei nicht von der Dynamik überrollt wurde und auf dem Wege zur deutschen Einheit in zwei sich befehdende Lager zerfiel. Daß es besser gewesen wäre, wenn unser Volk für den Einigungsprozeß mehr Zeit gehabt hätte, steht auf einem anderen Blatt.

IV. NEUE WIRKLICHKEITEN – AUF HERAUSFORDERUNGEN ANTWORTEN

Daniel Cohen
Hilfe für die Ärmsten

Ich wurde auch noch um eine andere Art von Zusammenarbeit ersucht. Man bat mich, als Berater für ein in der therapeutischen Forschung tätiges amerikanisches Unternehmen zu fungieren, »Millenium«; es geht dabei um das Auffinden der Gene für bestimmte Krankheiten und vor allem um deren Behandlung. Ich sagte gerne zu. Das Unternehmen hat sich dafür entschieden, mit renommierten Forschern und Nobelpreisträgern aus verschiedenen Ländern zusammenzuarbeiten. Die regelmäßigen Treffen von angesehenen Biologen, die dort alle über die gleichen Themen diskutieren, führen zu erstaunlichen Überlegungen. Die Zusammenarbeit im Rahmen eines amerikanischen Privatunternehmens dieser Art ermöglichte mir den Kontakt mit den herausragendsten Spezialisten in diesem Forschungsbereich, und in ein paar Monaten lernte ich mehr als sonst in vier oder fünf Jahren. Und zusammen mit diesen großen Wissenschaftlern an der Ausarbeitung von Strategien beteiligt zu sein, die zur kurativen Medizin von morgen führen werden, erfüllt mich mit einem Gefühl der Ergriffenheit und Erregung.

Für einen französischen Forscher ist dies eine große Chance. Übrigens haben die zuständigen Politiker, die mich ermutigten, derlei Beziehungen zu unterhalten, damit recht behalten.

Natürlich darf man sich von einem Privatunternehmen keine umfassenden humanitären Projekte erwarten. Was – wir sollen in die Forschung nach einem Impfstoff gegen Malaria, die Millionen Menschen befällt, investieren? Kommt gar nicht in Frage, dafür gibt es keinen Markt, denn die Betroffenen werden nicht zahlen, antwortet man Ihnen, ohne mit der Wimper zu zucken, wenn Sie so naiv sind, diese Frage zu stellen. Aus diesem Grund wird die Forschung zu Herz- und Gefäßerkrankungen und zur Fettsucht weit schnellere Fortschritte machen als die zu Tropenkrankheiten.

Und an eben diesem Punkt stehen die Forscher der reichen Länder, ob sie nun von der öffentlichen Hand oder von der Privatwirtschaft finanziert werden, vor einem echten moralischen Problem.

Die Fortschritte in der medizinischen und biologischen Forschung machen das Nord-Süd-Gefälle noch krasser, wenn das überhaupt möglich ist. Für die Bevölkerung in den armen Ländern ist die teure Medizin von heute unerreichbar. Nur eine winzige Minderheit von Privilegierten kann die Medikamente und Behandlungen bezahlen, die in den Industrieländern gang und gäbe sind. Außerdem investiert kein Mensch in die Forschung von Behandlungsmethoden für Krankheiten, die vor allem die Bevölkerung der armen Länder betreffen, da dort kein zahlungskräftiger Markt existiert. In den reichen Ländern schaffen es bestimmte Krankenverbände, den Unzulänglichkeiten einigermaßen abzuhelfen. Nicht aber in den armen.

Ich habe das Glück, gebürtiger Tunesier zu sein und ein Standbein in diesem nordafrikanischen Land zu haben, wo man mich stets mit großer Herzlichkeit empfängt. Nur zu gut weiß ich, daß kein Industriestaat in die medizinischen Probleme Afrikas investieren wird. Im Verlauf einer Unterredung mit dem Präsidenten von Tunesien, Zine El-Abidine Ben Ali, sprach ich von meiner Idee, in Tunesien ein Institut für neue Technologien für Afrika zu gründen; ich argumentierte, es sei vordringlich, daß Afrika im medizinischen Bereich selber die Verantwortung übernehme und sich nicht allzusehr auf seine westlichen Partner verlasse.

Der aus bescheidenen Verhältnissen stammende Präsident, der über eine enorme Schaffenskraft verfügt und sich hartnäckig für die Umsetzung von Entscheidungen einsetzt, die das Alltagsleben seines Volkes betreffen (so fährt er auf der Stelle zum Flughafen, wo eine Lieferung Rollstühle für Behinderte blockiert wird, und macht den trägen Bürokraten Beine; er vergewissert sich persönlich, ob die Klagen über die Aufnahmebedingungen in einem Krankenhaus begründet sind...), machte großen Eindruck auf mich. Zudem ist er von allen Politikern, die kennenzulernen ich

Gelegenheit hatte, der in Fragen der Genetik bestinformierte und beschlagenste. Entspringt dieses Interesse seiner ganz persönlichen Auffassung, das Schicksal des Menschen (das *Mektoub*, wie er es in unserem Gespräch auf arabisch bezeichnet hatte) sei in das Genom eingeschrieben? Mag sein. Jedenfalls war die Reaktion des tunesischen Präsidenten sehr positiv, und er schrieb mir, meine Initiative könne schon jetzt mit seiner Unterstützung rechnen.

Als Jacques-Yves Cousteau dem Généthon einen Besuch abstattete, erzählte ich auch ihm von dem Stiftungsprojekt, und er war begeistert. In der Tat reagierten alle Persönlichkeiten, mit denen ich wegen dieses Unternehmens Kontakt aufnahm, so – darunter Jim Watson, Maynard Olson und Barry Bloom, ein Wissenschaftler, der sich der Erforschung afrikanischer Krankheiten verschrieben hat.

Mittlerweile zeichnet sich das Projekt klarer ab und soll zur Gründung einer Stiftung mit den Namen *Ifriqya* führen; auf arabisch bedeutet dies »Afrika« und war vor dreitausend Jahren der erste Name Tunesiens, das ihn dann auf den gesamten Kontinent übertrug.

Ziel der Stiftung ist die Schaffung einer Reihe von Instituten; das erste soll seinen Sitz in Tunesien haben, während die nächsten dann in verschiedenen Ländern Afrikas eingerichtet werden. Auf diese Weise würde es diesen Ländern möglich, auf eigene Kosten Methoden der medizinischen und agronomischen Forschung zu entwickeln. Es geht darum, sie in die Lage zu versetzen, die Gesundheitsprobleme, die für sie typisch sind, selber zu lösen. Zusammen mit dem tunesischen Botschafter bei der UNESCO, Abdel Baki Hermassi, einem bemerkenswert klugen und gebildeten Soziologen, unternahm ich die notwendigen Schritte, damit die Stiftung in zwei Jahren ihre Tätigkeit aufnehmen kann.

Die Stiftung soll international sein, Mittel von verschiedenen Stellen erhalten und einem wissenschaftlichen Rat unterstellt werden, dem die größten internationalen Kapazitäten auf dem Gebiet der Biologie angehören. Alle renommierten Wissenschaftler, mit denen ich Kontakt aufnahm, etwa Watson, Olson und eine Reihe anderer, sagten ihre Mitarbeit zu. Das ist verständlich. Sie wollen sich nicht damit begnügen, der privaten Forschung bei der Erschließung zahlungskräftiger Märkte zu helfen, und verspüren alle ein großes Unbehagen angesichts der extremen Ungerechtigkeit im medizinischen Bereich, unter der die armen Völker leiden.

»Hervorragende Leistung im Dienst der Kranken«, das ist das Motto, das ich für die Stiftung vorgeschlagen habe. Über sie sollen die weltweit besten wissenschaftlichen Köpfe in der Biologie ihr möglichstes tun, um die afrikanischen Länder medizinisch autark zu machen, da anzusetzen, wo die Industrieländer nichts unternehmen wollen. Eines von mehreren Zielen wird es sein, einen wirksamen und billigen Impfstoff gegen Malaria zu entwickeln. Denn das ist möglich und viel einfacher als ein Impfstoff gegen AIDS.[1] Allerdings zählt auch die Erforschung der afrikanischen Form von AIDS zu den Prioritäten. Und das Projekt müßte eigentlich Erfolg haben, denn Tunesien ist zweifelsohne das afrikanische Land, das für eine Förderung am geeignetsten erscheint, da die Industrialisierung dort rasche Fortschritte macht und das Wirtschaftswachstum 8 Prozent beträgt, und das in einer Zeit weltweiter Rezession; in Tunesien hat man die Fehl- und Mangelernährung im Griff, und das Land verfügt über ein Krankenhauswesen, um das seine Nachbarn es beneiden. Ich setze große Hoffnungen auf dieses Projekt.

1 Dies ist mittlerweile, im November 1994, gelungen (A. d. Ü.).

Heiko Ernst
Wir leben in der Möglichkeitsgesellschaft

Was bedeutet das Leben in der Möglichkeitsgesellschaft für die soziale Instanz, die unser Leben immer noch am stärksten prägt und beeinflußt – für die Familie? Stirbt sie, wie manche Kulturpessimisten meinen, aus? Wahrscheinlich nicht. Paradoxerweise sind die stark steigenden Scheidungszahlen nicht das Alarmzeichen, für das die Pessimisten sie halten. Der Familienforscher Robert Hettlage interpretiert sie sogar als Indiz für einen »Bedeutungsgewinn der Ehe«: Wenn wir unsere hohen Erwartungen und Ansprüche in einer Beziehung nicht erfüllt sehen, dann stecken wir nicht zurück und arrangieren uns mit einer auch nur »mittelmäßigen« Ehe, sondern versuchen sie in einer neuen Beziehung zu verwirklichen. Ehen und Familien mögen heute weniger dauerhaft sein als früher, dafür sind sie befriedigender.

Und wer das Familieleben in früheren Zeiten verklärt, sollte sich erinnern: Die Familie war nie die Idylle, als die wir sie jahrzehntelang sehen wollten. Sie war nie das Ergebnis einer ungetrübten Liebesbeziehung, die sich allmählich zum Hort der Geborgenheit und der Sicherheit entwickelte, in dem Kinder wohlbehütet aufwachsen konnten. Vor allem in den fünfziger Jahren blühte diese Mittelschichtsphantasie von der kleinen, glücklichen Durchschnittsfamilie. Sie wurde sorgsam gepflegt, vor allem von christlich-konservativen Familienpolitikern, und sie gilt heute noch als Normalfall, als Schablone für das, was als Familienpolitik betrieben wird. Aber dieses Familienideal entsprach so gut wie nie der Realität. Richtig ist: Die Familie war immer eine wichtige, oft gut funktionierende Konstruktion, aber ihre Ziele und Aufgaben waren den sozialen und wirtschaftlichen Zwängen der jeweiligen Politik unterworfen. Sie ist aber nie eine »gottgegebene«, natürliche Ordnung gewesen.

Es ist heute gerade die bürgerliche Kleinfamilie, das »zärtliche Symbol einer erreichbaren Gegenwelt« (so der Soziologe Ulrich Beck), die an ihren inneren Widersprüchen und an den neuen gesellschaftlichen Werten zu zerbrechen droht. Sie kann nicht mehr all das auffangen und aufarbeiten, was auf ihre Mitglieder in der »Welt da draußen« einstürmt. Sie implodiert, wenn die emotionalen Spannungen überhand nehmen – Spannungen, die meist als »hausgemacht« empfunden werden. Aber der Binnenstreß in Familien entsteht vor allem durch die oft unbewußten Reaktionen auf eine veränderte Gesellschaft.

Sicher ist heute: Wenn die Familie eine Zukunft haben soll, muß sie ihren Charakter völlig verändern, denn sie muß neue Aufgaben und gewandelte Bedürfnisse ihrer Mitglieder erfüllen. Die ungeschriebenen Verträge der »alten« Familie müssen aufgekündigt und allmählich durch neue Abkommen ersetzt werden: So gilt zwischen den Ehepartnern schon längst nicht mehr das Treueversprechen: »bis daß der Tod euch scheidet«. Beide Partner wissen, daß sie eine Art Liebesbündnis mit begrenzter Haftung abschließen. Und auch der Kontrakt zwischen Eltern und Kindern wird revidiert: Nicht mehr Behütung und Erziehung der Jungen sind die erklärten Ziele, sondern deren frühe Autonomie, Kompetenz und Selbständigkeit.

Familie ist kaum noch der nach außen abgeschirmte sichere Hort, das Rückzugs- und Regenerationsgebiet, in das die einzelnen Mitglieder zurückkehren können. Die Außenwelt dringt immer stärker in den Kokon ein, und umgekehrt verwenden die Familienmitglieder immer mehr Zeit und Energie für ihr Engagement »draußen«. Die Freizeit- und Erlebnisgesellschaft mit ihren vielfältigen Unterhaltungsangeboten verpflichtet Kinder und Eltern geradezu, ihren eigenen Interessen und Aktivitäten nachzugehen.

Der Wirtschaftswissenschaftler Victor Fuchs stellte fest, daß sich die Zeit, die Eltern mit ihren Kindern verbringen, seit 1960 in den westlichen Industriestaaten um zehn bis zwölf Stunden pro Woche verringert hat. Und der Psychotherapeut Michael L. Moeller registrierte, daß Paare durchschnittlich nur noch zehn bis fünfzehn Minuten am Tag miteinander sprechen. Wer früher beim Abendessen fehlte, mußte schon gute Gründe haben, um seine Abwesenheit zu rechtfertigen. Heute sind Überstunden, Kinobesuch, Sportveranstaltungen oder ein Treffen mit Freunden selbstverständliche, nicht weiter diskutierte Entschuldigungen.

Ein großer Teil der individuellen Zeitbudgets geht inzwischen für den Medienkonsum drauf – durchschnittlich drei Stunden tägliches Fernsehen macht aus dem Kreis der Familie einen Halbkreis um das »elektronische Herdfeuer« – wenn nicht längst die Programmvielfalt dazu geführt hat, daß jeder in sein eigenes Gerät starrt. Der Aufenthalt in der Familie, das ist heute eine Art Boxenstop: Kurze Verweildauer, schnelle Befriedigung der Bedürfnisse – Essen, Kleiderwechsel, Austausch von Informationen – und weiter geht's...

Der Entwicklungspsychologe David Elkind gebraucht das Bild des Bahnhofes, um die postmoderne Familie zu beschreiben – ein urbaner Treff- und Ausgangspunkt für »Einzelreisen«. Und Kenneth Gergen spricht von postmodernen »Mikrowellen-Beziehungen«, um das emotionale Klima in der neuen Familie zu charakterisieren: Die Kontakte werden zeitlich kürzer, dafür aber intensiver und konzentrierter. Damit widerspricht er der gängigen Kulturkritik, die den Zerfall menschlicher Bindungen, zumal in der Familie, beklagt – es komme nicht auf die Dauer der miteinander verbrachten Zeit an, sondern auf deren Qualität.

Seit Neil Postman das »Verschwinden der Kindheit« beklagt hat, ist die Erosion dieser Lebensphase schnell und dramatisch vorangeschritten. War die Familie bis vor kurzem noch kindzentriert und sah die Erziehung des Nachwuchses als eigentliche Hauptaufgabe an, so ist sie heute vor allem elternzentriert. Die Wünsche, Nöte und Bedürfnisse der Erwachsenen stehen heute im Vordergrund, ihre Selbstverwirklichung hat Vorrang. Da trifft es sich gut, daß die Kinder inzwischen selbst sehr schnell erwachsener werden: Unumstrittener Held aller vorpubertären Kinder ist heute »Kevin allein zu Haus«. Er kommt nicht nur ohne Eltern gut zurecht, sondern hat dabei noch jede Menge Spaß. Kevin, der Prototyp des neuen Kindes, ist schon mit acht Jahren kein unschuldiges, abhängiges und hilfloses Wesen mehr, sondern ein cleverer Bengel, »streetwise«, medienerfahren und sehr wohl in der Lage, sich selbst zu schützen.

Die »sophisticated kids« von heute wissen oft besser als ihre Eltern über die neue Kommunikationstechnik, über Medien, Musik, Drogen und die Warenwelt Bescheid. Nintendo und Computer, MTV und »Bravo« haben die eigentliche Erziehung übernommen. Das Lebensgefühl der heutigen Kinder ist urban, nicht häuslich. Zwar schätzen auch sie Geborgenheit und Elternliebe und leiden, wenn sie die nicht in ausreichendem Maße erhalten. Aber sie können auf die Klammerei, den Gemeinschaftszwang und die Bevormundung durch die »Alten« gut verzichten. Und als erste Generation können sie sich schon früh und erfolgreich aus dieser Umklammerung lösen.

Während die Kinder und Jugendlichen von heute autonomer, kompetenter und familienunabhängiger werden, sind ihre Eltern vor allem mit sich selbst beschäftigt. Ihre Generationenaufgabe lautet, das Erwachsensein neu zu definieren. Sie haben einerseits einen großen Teil ihrer früheren Autorität verloren. In den Augen ihrer Kinder sind sie selbst verunsicherte und hilfsbedürftige Wesen. Andererseits können sie sich bei ihren rührenden, komischen oder hilflos-autoritären Erziehungsversuchen längst nicht mehr auf allgemeingültige Regeln, auf gesellschaftliche Idealvorstellungen und Traditionen verlassen. Selbst ihrer Intuition wagen sie kaum mehr zu trauen – denn wie in allen Lebensbereichen haben sich auch in der Erziehung die Experten und Wissenschaftler immer stärker eingemischt. Ihre Ratgeber lesen sich teilweise wie psychotechnische Anleitungen zu Kommunikation und Verhaltenssteuerung. Trotz – oder gerade wegen – dieser Expertenhilfe wissen Eltern heute weniger als zuvor, was richtig und was falsch ist. Denn zu widersprüchlich sind die Methoden und Vorgaben der Erziehungs-Profis.

Aber vielleicht müssen Eltern auch gar nicht mehr so genau wissen, wie sie loben oder tadeln, Grenzen setzen, bestrafen und anleiten sollen.

Ihr Autoritätsverlust könnte sogar eine Chance sein und das Eltern-Kind-Verhältnis neu begründen. Eltern müssen sich nicht mehr aufopfern für ihre Kinder, und sie müssen auch nicht mehr die allwissenden Kapazitäten in jeder Lebenslage sein. Sie müssen keinem Erziehungsideal nacheifern – und könnten so, befreit auch von Schuldgefühlen und Versagensängsten, ganz sie selbst sein. Diese neue Ehrlichkeit und Authentizität wäre der Beginn einer neuen Beziehung zwischen den Generationen, getragen von wechselseitigem Verständnis und von der Nachsicht für die Schwächen des anderen.

Zwischen Auflösung und Konfusion, zwischen Freiheit und bedrückender Optionsvielfalt muß sich das postmoderne Ich formen. Es muß Modelle der Anpassung, des Überlebens suchen – als ein »verflüssigtes« Ich, das sich seine Ziele und Werte selbst konstruieren muß. Aus den Restbeständen der alten Normen und Sinngebungen kann es einiges in die neue Epoche hinüberretten, aber es ist ihm bewußt, daß sie nicht mehr weit tragen werden. Ob es um Kindererziehung, um Arbeitsorganisation oder um die Lösung globaler Konflikte geht – wir können uns immer weniger auf Tradiertes verlassen. Wenn wir uns andererseits nicht in ständigen Ad-hoc-Lösungen verheddern wollen, sind sicher einige neue Sinnsysteme mit zumindest mittlerer Tragweite unerläßlich. Die entscheidende Frage wird sein: Wieviel Beliebigkeit, Relativität und Freiheit erträgt der Mensch, und wieviel Stabilität, Zusammenhang und Kontinuität braucht er?

Der neue »Proteus« an der Schwelle zum nächsten Jahrtausend ist eine dialektische Figur – er existiert als Mischung aus Flexibilität, funktionaler Klugheit und dem Streben nach zumindest minimaler Gestalt. Dieser »proteische Charakter« lernt allmählich, mit seinen eigenen Widersprüchen und Inkompatibilitäten umzugehen. Seine Identität wird nie wieder »aus einem Guß« sein, sie gleicht vielmehr jenen »Patchworks« oder Quilts, den aus vielen Stoffresten und Einzelstücken zusammengenähten, kunstvollen Stoffarrangements, die inzwischen eine eigene Kunstform darstellen.

Stuart Kauffman
Die globale Zivilisation

Was wird aus unserem Flickwerk aus alten und neuen Zivilisationen, die sich immer enger aneinanderschmiegen? Ob es einem gefällt oder nicht: Wir erleben die Entstehung einer Art globaler Zivilisation. Heute ist der historische Zeitpunkt gekommen, da die demographische, technologische, wirtschaftliche und wissenschaftliche Expansion zu einer immer engeren Verflechtung der Völker führt.

Ich besitze kein besonderes Wissen, sondern bin lediglich, wie Sie auch, ein Mitglied dieser im Entstehen begriffenen Zivilisation. Ich frage mich, ob wir wirklich viel von dem begreifen, was wir erschaffen, von den Grundlagen, die eine solche Weltzivilisation braucht, um uns allen ein bescheides Maß an Toleranz und Versöhnlichkeit füreinander zu vermitteln. Ich frage mich, ob die politischen Strukturen, die wir aufgebaut haben, weiterhin ihren Zweck erfüllen werden.

Als die Inuit-Kultur mit der abendländischen Kultur in Kontakt kam, veränderte sie sich grundlegend. Als die traditionelle japanische Kultur mit der abendländischen Kultur in Berührung kam, machte auch sie eine tiefgreifende Veränderung durch. Als Rom mit Athen in Kontakt kam, veränderte dies sowohl Rom als auch Athen. Als die hellenistische und die jüdische Welt aufeinandertrafen, verschoben sich die Eckpfeiler der abendländischen Zivilisation. Als die Spanier auf die Azteken trafen, bildete sich in dem Schmelztiegel ein neues kulturelles Gemisch. Grausame Götter blicken finster von Freskos, die mit spanischer Kunstfertigkeit gemalt wurden. Guatemaltekische Webmuster leben fort in Wandteppichen, die in abendländischem Stil gewebt wurden.

Heute beeinflussen sich sämtliche Kulturen gegenseitig. Auf einer kleinen, von der Gihon Foundation veranstalteten Konferenz in Nambe, New Mexico, sollte ich gemeinsam mit N. Scott Momaday, Lee Cullum und Walter Shapiro die grundlegenden Probleme der heutigen Welt formulieren. Dabei verwies ich vor allem auf die entstehende Weltzivilisation, die dadurch zu erwartenden kulturellen Verwerfungen und das Problem eines universellen kulturellen und politischen Rahmenmodells.

Aus irgendeinem Grund drängen sich mir die Bilder der Zeichenketten auf, die wir gerade besprochen haben. Der Wirbel ideologischer Transformationen, die endlose Spirale sich selbst erzeugender Moden, Küchen und Rechtssysteme scheinen – auf eine bislang noch nicht geklärte Weise – den grammatikalischen Modellwelten mit ihren Eiern, Strahlen und Pilzen zu gleichen. Wenn eine neue Zeichenkette zufällig in Fontanas »Siliziumtopf« geworfen wird, bildet sich unter Umständen ein Schwarm neuer Zeichenketten. Eine geringfügige Störung kann zu einer tiefgreifenden Umwandlung des Zeichensystems führen – oder auch gar keine Änderungen auslösen.

Als Michail Gorbatschow von *glasnost* zu sprechen begann, wußten wir, daß sich möglicherweise etwas Großes anbahnte. Wir wußten, daß ein Schritt hin zur Öffnung der geschlossenen sowjetischen Gesellschaft für die Belange des Volkes vielleicht ausreichen würde, um eine Revolution auszulösen. Wir wußten, daß kleine Schritte mitunter zu weitreichenden Umwälzungen führen. Doch obgleich wir dies intuitiv wußten und die Experten uns mit ihren Erkenntnissen überhäuften, wissen wir nicht wirklich, was wir ahnten. Wir wissen nicht, wie die treibenden Baumstämme, die einen Fluß blockieren, ineinander verhakt sind, so daß die Entfernung eines bestimmten Baumstammes nur zu einer geringfügigen Verschiebung der Sperre führt, während die Beseitigung eines anderen, für den Zusammenhalt des Ganzen scheinbar unbedeutenden Baumstamms das gesamte Gefüge auflöst und flußabwärts treiben läßt. Wir kennen nicht die funktionalen Beziehungen zwischen den – politischen, wirtschaftlichen und kulturellen – Elementen unserer Gesellschaft.

Als die chinesische Regierung den tragischen Befehl erteilte, die Studenten auf dem Tiananmen-Platz zu töten, fürchteten sich die politischen Machthaber vor eben dem speziellen Baumstamm, an dem die Studenten zerrten. Aber auch wir wissen nicht viel über die Struktur dieses Gefüges.

Uns fehlt eine Theorie darüber, wie sich die Elemente unserer Gesellschaften zu Netzwerken aus Elementen zusammenschließen, die aufeinander einwirken und sich gegenseitig umwandeln.

Diese Umwandlungen nennen wir »Geschichte«. Daher müssen wir in Anbetracht all der Zufälle in der biologischen und menschlichen Geschichte eine neue Diskussion beginnen: Haben Gesetzmäßigkeiten einen Platz in den Geschichtswissenschaften? Können wir in der Kultur, der Wirtschaft und anderen Bereichen gesetzähnliche Muster aufspüren, wie etwa subkritisches und suprakritisches Verhalten oder Muster der Speziation und Extinktion?

Wir sollten uns bemühen, diese Prozesse zu verstehen, denn die globale Zivilisation steht vor der Tür. Wir werden ihre Geburt erleben, ob wir darauf vorbereitet sind oder nicht.

Die moderne Demokratie, die wir praktizieren und die zum festen Bestandteil unseres Mythos von uns selbst geworden ist, ist weitgehend ein Produkt der Aufklärung. Newton und Locke. Die Verfassung der Vereinigten Staaten, die für mehr als zweihundert Jahre so gute Dienste geleistet hat, ist ein Dokument, das auf der Idee eines politischen Kräftegleichgewichts aufgebaut ist. Newton und Locke. Unser politisches System ist so flexibel angelegt, daß es die politischen Kräfte in ein Gleichgewicht bringen kann und die Weiterentwicklung des Gemeinwesens erlaubt. Aber unsere Theorie von der Demokratie läßt die evolutive, sich fortwährend wandelnde Natur von Kulturen, Wirtschaftssystemen und Gesellschaften weitgehend außer Betracht. Im 19. Jahrhundert wurde die Idee der Geschichtswissenschaft geboren. Hegel verdanken wir den Dreischritt von These, Antithese und Synthese. Marx stellte den Hegelschen Idealismus auf den Kopf und begründete den dialektischen Materialismus. Diese Ideen sind mittlerweile allerdings in Verruf geraten. Und doch gleicht das Muster von These, Antithese und Synthese mehr als nur oberflächlich der Evolution der mehreren hundert Millionen Arten, die entstanden und wieder vergangen sind, und der Evolution der Technologien, die ebenfalls entstanden und wieder vergangen sind.

Auf einer Tagung des Santa-Fe-Instituts im Sommer 1992 verblüffte mich John Maynard Smith, als er vor dem Auditorium erklärte: »Vielleicht sind Sie alle auf dem Weg, eine Art postmarxistische Analyse der Gesellschaftsentwicklung zu erarbeiten.« Ich wußte nicht, was er damit meinte. Der Marxismus stand so sehr in Verruf, daß ich geneigt war, überhaupt jede Lesart seiner Äußerung abzulehnen. Aber vielleicht beginnen wir ja wirklich das begriffliche Instrumentarium zu entwickeln, mit dessen Hilfe wir die historische Entwicklung von Gesellschaften ein wenig besser verstehen können. Die Historiker wollen nicht einfach die geschichtlichen Begebenheiten nacherzählen, sondern das Gefüge von Einflüssen aufdecken, die kaleidoskopartig miteinander wechselwirken und so die sich entfaltenden Muster erzeugen. Gibt es in den Geschichtswissenschaften einen Platz für »Gesetzmäßigkeiten«? Ist die Industrielle Revolution mit ihrer explosionsartigen Vermehrung neuer Technologien ein Beispiel für die Entstehung einer kritischen Diversität von Waren und Dienstleistungen sowie von neuartigen Produktionstechnologien, so daß sich die Diversität auf autokatalytische Weise selbst erzeugt? Und wie steht es mit kulturellen Umbrüchen wie der Renaissance und der Aufklärung? Spiegelt sich darin auf irgendeine Weise ein Netzwerk sich wechselseitig bestätigender Ideen, Normen und Kräfte?

Richard Dawkins, der in Oxford Evolutionsbiologie lehrt, führte das Wort *mem* ein. Im einfachsten Fall ist ein Mem eine Verhaltensweise, die sich in einer Population ausbreitet. Frauen tragen heute ihre Sonnenbrillen häufig oben auf dem Kopf. Ich glaube, daß diese Mode auf Audrey Hepburn zurückgeht, die vor vielen Jahren in dem Film »Frühstück bei Tiffany« die Figur der Holly Golightly spielte. In diesem eingeschränkten Sinn sind Meme »Replikatoren«, die von irgend jemandem erfunden und dann in komplexen Mustern kultureller Übertragung nachgeahmt werden. Aber diese Interpretation eines Mems ist zu eingeschränkt. Ein solches Mem gleicht einer von Fontanas »Organisationen der Ebene 0«; es ist ein reiner Replikator, der sich möglicherweise in der Population ausbreitet. Aber gibt es auch kollektiv-autokatalytische Verbände von Memen, also Memorganisationen der Ebene 1? Kann man sich kulturelle Muster als sich selbst erhaltende und sich wechselseitig definierende Mengen von Überzeugungen, Verhaltensweisen und Rollen vorstellen?

Gegenwärtig mag die Analogie noch recht vage sein, mag es sich mehr um eine Metapher als um eine echte Theorie handeln. Aber ist es nicht möglich, daß wir Glieder einer Vielzahl solcher kulturellen Gebilde sind?

Wir erfinden Konzepte und Kategorien, mit deren Hilfe wir die Welt gestalten. Diese Kategorien definieren sich wechselseitig in einem komplexen Kreis ständiger Neubestätigung. Wie könnte es anders sein? Nachdem wir die Kategorien erfunden haben, pressen wir die Welt in sie hinein und werden selbst in sie hineingepreßt. Dank der Errichtung eines Rechtssystems kann ich Verträge abschließen. Da dies jeder tun kann, können Sie und ich eine »juristische Person« bilden, die vielleicht »unsterblich« sein wird: ein Unternehmen, das sich bleibende Ziele setzt, die irgendwann einmal sogar den Interessen der Unternehmensgründer zuwiderlaufen können. Das moderne Unternehmen ist folglich ein kollektiv-selbsterhaltendes Gefüge von Rollen und Pflichten, das in einer ökonomischen Welt »lebt«, Signale und Produkte austauscht und dessen Überleben oder Sterben sich auf ähnliche Weise vollzieht wie das von *E. coli*. *E. coli* ist kollektiv-autokatalytisch und erhält sich selbst in seiner Welt. Das moderne Unternehmen scheint ebenfalls kollektiv-autokatalytisch zu sein. Sowohl *E. coli* als auch IBM koevolvieren in ihren jeweiligen Welten. Beide wirken mit an der Schaffung des Ökosystems, das jeder von ihnen bewohnt. Wie die jüngsten Schwierigkeiten des schwerfälligen Konzerns IBM zeigen, können sogar die Mächtigen von tiefgreifenden Veränderungen ihrer Welt überrascht werden.

Eine globale Zivilisation ist im Entstehen. Auf der kleinen Konferenz in Nambe konzentrierten sich Walter Shapiro (ein politischer Redakteur der Zeitschrift »Time«) und Lee Cullum (ein Journalist der »Dallas Morning News«) auf den tieferen Sinn, der dem Einzug eines McDonald-Restaurants in einem Flügel des alten Heidelberger Schlosses beizumessen ist. Ein gutes Geschäft? Wahrscheinlich. Beunruhigend? Zweifellos. Maria Verela ist Stipendiatin der MacArthur-Foundation und lebt achtzig Kilometer nördlich von Santa Fe, in der Nähe von Chama. Sie hilft einer ortsansässigen Gemeinschaft von Hispanics, durch Erhaltung der traditionellen Webkunst ihr altes Brauchtum zu bewahren. Nur als Teil einer Kultur können wir Teil der Welt sein. Die örtliche Hispanic-Kultur ist vom Untergang bedroht. Den Film »Milagro« sieht man mit einem lachenden und einem weinenden Auge an. Es kommen natürlich wie in jeder Geschichte Helden und Halunken vor, aber in der Wirklichkeit von New Mexico und anderen Regionen scheint ein Großteil des Wandels eine nahezu unvermeidliche Folge der sich vermischenden und einander umgestaltenden Kulturen zu sein. Fajitas wurden offenbar in Texas und nicht in Mexico erfunden. In New York erfanden Chinesen, die aus Kuba geflüchtet waren, die kubanisch-chinesische Küche.

Wird die entstehende Weltzivilisation eine Tendenz zur Gleichförmigkeit mit sich bringen, wie viele glauben? Werden wir alle Englisch sprechen, weil die Vereinigten Staaten so mächtig waren, als das Fernsehen seinen Siegeszug um die Erde antrat? Werden wir alle Hamburger mögen? Ich jedenfalls schon, und wie. Aber ich bin auch ein typisches Produkt der amerikanischen Mittelschicht.

Oder werden die neuen kulturellen Zeichenketten überall sprießen? Werden sie genau an den Grenzen entstehen, an denen zwei oder mehr kulturelle Traditionen aufeinanderstoßen? Was werden wir – nach der kubanisch-chinesischen Küche – noch alles erfinden, etwa in den Grenzbereichen des Islam und des Hardrock? Werden wir uns gegenseitig umbringen, um unsere Lebensformen zu bewahren? Wieviel Toleranz wird uns abverlangt werden, wenn unsere Lebensformen durch Berührung mit den Memen einer anderen Lebensform, die uns über Funk oder elektronische Briefkästen in unsren Wohn- und Arbeitsräumen erreichen, in einen Strudel des Wandels gerissen werden?

[...] Ich glaube, daß wir immer wieder neue kulturelle Leuchtfeuer an den Grenzen aufeinanderprallender alter Kulturen entfachen werden. Ich denke über kleine und große Lawinen des Wandels nach, die sich in und zwischen den Zivilisationen ausbreiten, die wir in der Vergangenheit aufgebaut haben. Ich bin zutiefst bekümmert über die soziale Entwurzelung, die mit dem Verschwinden traditioneller Lebensformen einhergeht. Die Menschen ziehen für sehr viel weniger in den Krieg. Aber man sollte die Idee der kubanisch-chinesischen Küche und alles andere, was aus der möglicherweise fruchtbaren Begegnung von Islam und dem Hardrock erwächst, wenigstens interessant finden. Vielleicht brauchen wir mehr Sinn für Humor. Vielleicht wissen wir erst dann, daß wir schon weit vorangekommen sind, wenn wir einander Witze auf Kosten des jeweils anderen erzählen können, weil die gegenseitige Achtung so tief und die Toleranz so groß ist, daß das Lachen die verbleibenden Spannungen abbauen hilft.

Nachdem Scott Momaday all diesen Anliegen zugehört hatte,

kam er wieder auf seine eigene Kernthese zu sprechen: Wir müssen uns in der modernen Welt auf das Heilige besinnen. Momadays Vision brachte uns vier auf einen sonderbaren Gedanken: Wenn eine Weltzivilisation im Entstehen ist, dann treten wir vielleicht in ihr heroisches Zeitalter ein. Als die griechische Kultur an den Küsten der Ägäis entstand, ersannen ihre ersten Bürger ihre eigenen dauerhaften Mythen. Wir vier »Vordenker«, die ihre Einladung nach Nambe, New Mexico, einem weitgehend zufallsgesteuerten Auswahlprozeß zu verdanken hatten, kamen zu dem einhelligen Schluß, daß die entstehende Weltzivilisation ihre eigenen neuen und dauerhaften Mythen erfinden müsse.

Hans Küng

Wird sich ein Weltethos durchsetzen?

Ist es eine Illusion zu meinen, man könnte in Sachen Weltethos eine Bewußtseinsänderung auf Weltebene erreichen? Sieht es in unserer Welt danach aus, daß dies je gelingen könnte? Zumindest zweierlei dürfte sicher sein: Kaum einer bestreitet, daß wir noch immer in einer religiös und politisch zerrissenen, ja kriegerisch-konfliktreichen und zugleich orientierungsarmen Zeit leben, einer Zeit, in der viele moralische Autoritäten an Glaubwürdigkeit verloren haben, Institutionen in den Strudel tiefgreifender Identitätskrisen gezogen sind und viele Maßstäbe und Normen ins Gleiten kamen. Und kaum einer bestreitet die *Notwendigkeit eines neuen Gesellschaftskonsenses*: einer Rückbesinnung auf ein Minimum an humanen Werten, Grundhaltungen und Maßstäben. Wie sollen Eltern und Lehrer Kinder erziehen, wenn sie nicht wissen, woran sie sich selber halten sollen? Wie sollen die Schulen gegen die stark angestiegene Gewaltbereitschaft ankommen? Wie soll unsere Gesellschaft wieder humaner werden? Die Notwendigkeit wird bejaht. Aber die praktische Durchsetzung? Da haben viele Zweifel.

Zweifel haben viele auch deshalb, weil oft gerade die *Religionen* die Gebote und Maßstäbe verletzen, die sie selber propagieren. Überall auf dieser Welt sind religiöse Überzeugungen häufig Ursache nicht von Frieden, Verständigung und Versöhnung, sondern von Krieg, Intoleranz und Fanatismus. Fundamentalistische Strömungen gibt es in allen Religionen, aber gegenwärtig toben sie sich besonders grausam in muslimischen Ländern aus. Das erzeugt bei anderen Angst und den Drang nach Abgrenzung. Aber bevor man mit dem Finger auf den Fundamentalismus in anderen Religionen zeigt, bekämpfe man dessen Ursachen am besten im eigenen Haus.

Und doch haben religiös engagierte Menschen überall auf der Welt die Hoffnung nicht verloren: Die Religionen – wo immer sie, ob in Polen oder in Südafrika, auf den Philippinen oder in Südamerika, aktiviert werden können – sind nach wie vor eine geistige Kraft, die das Antlitz der Erde zum Guten verwandeln könnte.

Ein weit sichtbares Zeichen dafür ist die Versammlung von vielen Tausenden friedlicher Menschen 1993 in Chicago, als zum zweiten Mal in der Geschichte der Religionen ein *Parlament der Weltreligionen* zusammengerufen wurde. Dieses »Parlament« hat am 4. September 1993 eine »Erklärung zum Weltethos« verabschiedet, in der sich Menschen ganz unterschiedlicher religiöser Herkunft erstmals verständigt haben auf ein Minimum unverrückbarer Weisungen, die sie in ihren eigenen Traditionen bereits bejahen.

Von Anfang an war klar: Mit *Weltethos* ist nicht eine neue Weltideologie gemeint, gar der Versuch zu einer uniformen Einheitsreligion. Der Appell für ein Weltethos will nicht die hochethischen Forderungen jeder einzelnen Religion durch einen ethischen Minimalismus ersetzen, will nicht an die Stelle der Thora, der Bergpredigt, des Koran, der Bhagavadgita, der Reden des Buddha oder der Sprüche des Konfuzius treten. Die »Erklärung zum Weltethos« will auch keine neue Moral erfinden, um sie dann den verschiedenen Religionen von außen (und gar vom »Westen« her) aufzudrängen. Sie will nur das bewußtmachen, was schon jetzt den Religionen in West und Ost, Nord und Süd gemeinsam ist, was aber durch zahlreiche »dogmatische« Streitigkeiten und unerträgliche Rechthaberei oft genug verdunkelt wird. Kurz, die »Erklärung zum Weltethos« will jenes Minimum an Ethos herausstellen, das für das Überleben der Menschheit einfach notwendig ist. Sie ist gegen niemanden gerichtet, sondern lädt alle ein, Gläubige und auch Nichtgläubige, sich dieses Ethos zu eigen zu machen und entsprechend zu handeln.

Diese »Erklärung« ist ein *Kontrapunkt der Hoffnung*. Ein Kontrapunkt gegen den Fatalismus, daß in Sachen Ethos nichts und in Sachen Religion erst recht nichts zu machen sei. Mit der »Erklärung« haben Menschen aus allen möglichen religiösen und ethischen Traditionen dieses Globus ihre Bereitschaft zum Ausdruck gebracht, aus religiöser Überzeugung die Zustände dieser Erde zu verändern. Sie haben damit ein Zeichen der Hoffnung gesetzt, daß eine globale Bewußtseinsveränderung möglich ist.

Aber wie soll sich ein Weltethos überhaupt durchsetzen können? Antwort: Wie auch in der Frage der Menschenrechte oder der Ökologie, des Friedens und der Abrüstung sowie der Partnerschaft von Mann und Frau – in einem sehr komplexen und lang andauernden Prozeß der Veränderung des Bewußtseins! Die Vordenker haben darin ebenso ihre Funktion wie die ersten Aktivisten und Initiativgruppen; die Wissenschaftler, welche die Probleme durchdenken, ebenso wie die Medien, die für Massenverbreitung sorgen; aber auch die Parteien, Verbände und Kirchen, die mehr Glaubwürdigkeit erlangen könnten, wenn sie sich diese Anliegen zu eigen machten. Nicht zu vergessen selbstverständlich die Schulen und Fortbildungsstätten, die für eine kontinuierliche Erziehungsarbeit an immer neuen Generationen Verantwortung tragen, schließlich auch Politiker und Parlamente, die wie eine Charta der grundlegenden Menschen-Rechte, so auch eine Charta der elementaren Menschen-Pflichten formulieren könnten – ein Anliegen, das schon in der Menschenrechtsdebatte des französischen Revolutionsparlaments 1789 zur Sprache gebracht wurde.

Allen Zynikern unserer Tage sei es gesagt: Sind nicht auch viele, die vor Jahrzehnten Abrüstungsschritte, ökologisches Wirtschaften und partnerschaftliches Denken zwischen Mann und Frau gefordert haben, als Illusionisten verlacht worden? Und ist auf all diesen drei Gebieten nicht ein Bewußtseinswandel Wirklichkeit geworden, der bereits vieles, wenngleich natürlich längst nicht genug, real verändert hat? Dies alles liegt ja schon auf der Linie eines Weltethos.

Linda Ojeda
Wer am ehesten Depressionen bekommen wird

Daß Depressionen in den Wechseljahren häufiger sind als sonst, gehört in das Reich des Aberglaubens. Zugegeben, klimakterische Frauen klagen relativ oft über schwermütige Anwandlungen; aber im Vergleich mit anderen Altersgruppen wird Depression bei ihnen nicht öfter diagnostiziert. Das kann zweierlei bedeuten: Entweder waren sie vorher auch schon depressiv, oder sie leiden unter etwas, das Fachleute nicht als »klassische« Depression definieren.

Das Gefühl, unglücklich, desorientiert oder mit sich selbst uneins zu sein, erfüllt nicht die Kriterien einer echten Depression. Ein wirklich depressiver Mensch ist zutiefst traurig, entmutigt, pessimistisch, ausgebrannt, gelangweilt, angeekelt, schwerfällig, desinteressiert, unentschieden, unmotiviert, hilflos und ohne Hoffnung; er schläft schlecht, fühlt sich geschlechtslos, schuldig, trägt sich mit Selbstmordabsichten. Frauen in den Wechseljahren leiden – wie wir alle irgendwann einmal – sicher auch unter dem einen oder anderen Symptom – aber seltener, nicht ständig und in viel geringerem Ausmaß. Das macht den Unterschied zur echten Depression aus, bei der immer mehrere dieser Symptome stark und anhaltend auftreten.

Wenn wir den Psychotherapeuten glauben wollen, reichen die Wurzeln einer Depression im Klimakterium weit in frühere Lebensjahre zurück. Die traditionelle Psychologie lehrt, daß eine emotionelle Störung Ausdruck eines unterschwelligen Konfliktes ist, den die Person zu lösen versucht. Wenn eine Frau mit einem bestimmten Problem oder ihrer Identität als Frau Schwierigkeiten hatte, kann ihre Depression eine Art Neuauflage des Problems sein, das jetzt im mittleren Lebensalter, in einer Grenzsituation, wieder aufflammt. Es handelt sich dann nicht um etwas grundsätzlich Neues.

Typisch für eine deprimierte Frau ist der Mangel an Selbstwertgefühl. Typisch ist auch, daß sowohl in Europa als auch in Amerika mehr Frauen als Männer von Depressionen befallen (oder deswegen behandelt) werden. Das ist sicher kein Zufall. In unserer Kultur scheinen Frauen mehr als Männer um ihre gesellschaftliche Anerkennung und Identität kämpfen zu müssen. Für die Frau ist es ungleich schwieriger, eine klare Vorstellung davon zu gewinnen, welchen Platz sie einnehmen soll und was ihre persönliche Lebensaufgabe ist. Das schafft Unsicherheit und kränkt das Selbstbewußtsein. Dies scheint vor allem auf verheiratete Frauen zuzutreffen, die nicht außer Haus arbeiten. Beobachten wir eine x-beliebige Vorstellung anläßlich einer Zusammenkunft. Christa Meyer ist dann »die Gattin von Herrn Meyer« oder »Michaels Mutter«. Als eigenständige Person, ohne die Beziehung zu anderen, wird sie höchst selten eingeführt. Da braucht eine Frau schon ein ausgeprägtes Selbstbewußtsein, um nicht eines Tages das Gefühl zu haben, die anderen wüßten nicht einmal, wie sie heißt.

Hierzu möchte ich ein eigenes Erlebnis erzählen, das mir typisch erscheint. Vor ein paar Jahren stieß ich zu einer Frauengruppe, in der Hoffnung, hier Mütter zu treffen, berufstätige und Familienfrauen, die versuchen, all die verschiedenen Rollen auszufüllen, die Frauen heutzutage abverlangt werden. Am ersten Abend forderte uns die Gruppenleiterin auf, zuerst unseren Namen zu nennen und dann zu berichten, womit unsere Ehemänner den Lebensunterhalt verdienen. Wohlgemerkt, sie fragte nicht, was *wir* machten. Ich merkte, wie ich ganz rot wurde, und spürte schon das Zittern in meiner Stimme, bevor ich überhaupt den Mund aufmachte. Als ich dann an die Reihe kam, nannte ich pflichtgemäß meinen Namen und erklärte, was ich hier wollte: nämlich Frauen als individuelle Personen kennenlernen. Ich wollte erfahren, was sie den ganzen Tag über machten, was sie fühlten und dachten, und das hatte wenig mit der Stellung ihrer Männer zu tun. Was mich dabei am meisten schockierte, war: Ich schien die einzige zu sein, die an dieser Frage Anstoß nahm.

Inzwischen haben viele Studien gezeigt, daß die meisten Frauen sich selbst entweder über ihren Körper oder ihre Beziehungen definieren. Werden sie aufgefordert, sich selbst zu beschreiben, beginnen sie meist mit ihren körperlichen Merkmalen: Ich bin klein, groß, blond, dick, hübsch, nicht mehr ganz so hübsch, durchschnittlich. Das kann in einer Kultur, in der die meistgeschätzten Eigenschaften einer Frau Jugend und Schönheit sind, nicht überraschen. Solche Forschungsprojekte werfen mehr als nur psychologisch interessante Fakten ab; es lassen sich Schlüsse für die Zukunft einzelner Frauen daraus ziehen: Frauen, die sich übermäßig um ihre körperliche Erscheinung sorgen oder sich vorwiegend über ihre Rolle gegenüber Mann und Kindern definieren, scheinen die größten Schwierigkeiten zu haben, sich mit dem Wechsel in ihrem Leben abzufinden.

Rollenverlust ist mit Depression verbunden, und einige weibliche Rollen bringen zwangsweise später einen solchen Verlust mit sich. So leiden wahrscheinlich Frauen, die in der Fürsorge um ihre Kinder aufgehen und ihre eigenen Interessen und Bedürfnisse ganz hintanstellen, später, wenn diese Kinder das Haus verlassen, viel eher unter Depressionen als andere Frauen.

Das Gefühlsleben einer Frau vor der Menopause entscheidet zumindest teilweise darüber, wie sie den Wechsel erlebt. Wenn sie nicht vorher als Frau eine innere Selbständigkeit entwickelt hat, werden die Wechseljahre auch gefühlsmäßig schwierig für sie. In diesem Fall besteht die beste Behandlung darin, das Problem rechtzeitig zu erkennen und guten Rat einzuholen. Denken Sie daran: Eine schwere Depression bedarf der professionellen psychotherapeutischen Behandlung.

Bedenken Sie aber auch: Nicht alle Frauen in den Wechseljahren sind depressiv oder leiden den ganzen Tag. Manche Frauen durchlaufen den Wechsel und sind quietschvergnügt dabei; sie bekommen ihre Streicheleinheiten und fühlen sich geborgen – kulturelle Voraussetzungen hin, Hormonschwankungen her. Frauen, die ihren Wert aus ihrer Arbeit beziehen – ob als Hausfrau oder in einem Beruf –, die eine interessante Tätigkeit ausüben, ein festes Einkommen beziehen und sich Ziele stecken, klagen gewöhnlich in den Wechseljahren weniger über seelische Probleme. Aber um dahin zu gelangen, muß Frau schon früher beginnen, sich ihre eigenen Werte zu schaffen.

Hermann Scheer
Neue Barbarei und Kampf der Kulturen?

Es gehörte zu den marxistischen Utopien, daß am Ende der Entwicklung zu einer klassenlosen Gesellschaft der Staat absterben werde: »An die Stelle der alten bürgerlichen Gesellschaft mit ihren Klassen und Klassengegensätzen tritt eine Assoziation, worin die freie Entwicklung eines jeden die Bedingung für die freie Entwicklung aller ist« – so der Schlüsselsatz des Kommunistischen Manifestes von Karl Marx und Friedrich Engels aus dem Jahr 1848. Das war das gedachte linke »Ende der Geschichte«. Heute haben die wirtschaftslibertären Globalspieler den marxistischen Slogan übernommen und provozieren ein Absterben des Staates aufgrund extremer Ungleichheit der Menschen und der Marginalisierung von Staatsfunktionen.

Die gesellschaftliche Entwicklung stehe, so Rosa Luxemburg am Beginn des 20. Jahrhunderts, vor den Alternativen »Sozialismus oder Barbarei«. Ein solcher Gegensatz kann heute nicht mehr so eindeutig formuliert werden, weil es im Verlaufe des Jahrhunderts auch barbarische Versuche sozialistischer Provenienz gegeben hat und weil angesichts dieser Erfahrungen unklarer ist denn je, was man sich unter »Sozialismus« vorzustellen habe. Der Begriff hat sich durch zu viele unterschiedliche, darunter unwürdige Träger und Ideenkonstrukte abgenutzt – ebenso wie die anderen zentralen politischen Ideenbegriffe der spannungsgeladenen Neuzeit. Doch stellt sich heute der Satz von Rosa Luxemburg in viel schärferer und umfassenderer Weise: Kann sich das, was mehrere Generationen aufgebaut haben – der demokratische Verfassungsstaat und ein humanitäres Völkerrecht –, gegen Entwicklungen behaupten, die die Menschheit von Staaten »befreien«, in denen demokratisch ermittelter Wille kaum mehr Durchsetzungschancen hat und die die Lebenschancen potentiell der gesamten Menschheit opfern? Wir stehen am Kreuzweg von humanitärer Demokratie oder Barbarei.

Die Frage, wie sich die Egoismusideologen mit dem Bedürfnis der Menschen auseinandersetzen, nicht nur als Einzel-, sondern auch als gemeinschaftliche Wesen zu leben, wird zuwenig beachtet. Der klassische reaktionäre Ansatz besteht darin, die nicht mehr befriedigten sozialen Kollektivbedürfnisse durch aggressiven Chauvinismus gegenüber Andersdenkenden ersatzweise zu befriedigen. In anderen Regionen der Welt dagegen geht es um die Wiedererweckung eines ethnischen Nationalismus, der auf der Stammeszugehörigkeit basiert und für den bis aufs Blut gekämpft wird, siehe Jugoslawien. Wieder anderswo sind es Großsekten in Form von neuen totalitären Religionsbewegungen – wie in der islamischen Staatenwelt oder in Indien – oder auch die aus dem Boden schießenden zahllosen Kleinsekten der westlichen Welt, die in Ku-Klux-Klan-Manier einen staatsähnlichen Totalanspruch nicht nur gegenüber ihren Mitgliedern, sondern mit terroristischen Methoden auch gegenüber der Gesamtgesellschaft entwickeln.

Alle diese pervertierten Gemeinschaftsformen sind Elemente des Niedergangs zivilisierter Staatsgesellschaften; sie tragen zur Auflösung von Gemeinschaftsinstitutionen bei, die die Garanten für gerechte Verhältnisse und inneren und äußeren Frieden sein müssen. Selbstverständlich sind sie nicht sämtlich Folgen der wirtschaftslibertären Formierung der Weltgesellschaft, aber sie erhalten von dieser direkt oder indirekt neue Motivationen und Stimulierungen. In welchem Ausmaß barbarische Exzesse schon toben, zeigt sich vor allem an der aktuellen Springflut lokaler Kriege. Von den gegenwärtig etwa hundert geführten Kriegen sind nach einem Bericht des Club of Rome schon zwei Drittel auf die Erschöpfung natürlicher Ressourcen und den Kollaps der Sozialsysteme zurückzuführen, also auf sozial verantwortungsloses Wirtschaften.

Zehn Millionen obdach- und elternlos streunende Kinder in Brasilien; die Todesschwadronen, die dort bettelnde Kinder vor den Luxushotels abknallen oder die, wie der Internationale Bund Freier Gewerkschaften berichtet, Gewerkschafter foltern und ermorden; die Killerbanden in der ehemaligen Sowjetunion; Kinder, die für lukrativen Organhandel ausgeschlachtet oder getötet werden – all dies erfahren wir täglich ebenso wie die Staatsauflösungen in Clansysteme mit den Menschenschlächtereien in Ruanda, Burundi oder Angola. Die Keimlinge der neuen Barbarei sind längst in den westlichen Festungen gesetzt, sei es durch die sich seuchenartig ausbreitende organisierte Kriminalität, sei es durch den Verfall der Großstädte, durch verwahrlosende Menschenmassen, die sich ihrer Haut zu wehren beginnen, oder sei es durch Sekten wie in Japan, die sich mit Chemiewaffen- und Atomterrorismus auf das letzte Gefecht vorbereiten. Der Unterschied zwischen solchen Sekten, die dem nach ihrem Glauben bevorstehenden Untergang der Menschheit mit Massenvernichtungsmitteln vorgreifen wollen, und den hypertrophen »Hohenpriestern der Atomabschreckung« in den USA, die mit der Parole »Freiheit oder Atomtod« und unter Berufung auf die biblische Schlacht bei Armageddon in der Reagan-Ära die Menschheit auf ein göttliches Gericht vorzubereiten versuchten, ist nicht groß.

Daß die Ozonschicht zerstört wird – mit Folgen wie Hautkrebs –, weil angeblich der Einsatz von Ersatzstoffen oder der Verzicht auf diese Stoffe wirtschaftlich nicht allen zugemutet werden könne, gehört in die Kategorie legaler Barbarei. Heute bedeutet dies faktisch Hausarrest für Kinder in Australien und Neuseeland, da sie wegen des Hautkrebsrisikos nicht länger als ein paar Minuten unter freiem Himmel sein dürfen, morgen wird das in weiteren Ländern der Fall sein. Zu legaler Barbarei gehört ebenso, wie sich die westlichen Industrie- und Finanzoligopole auf die Massenmärkte in China und Indien stürzen, wo insgesamt ein Drittel (!) der Menschheit lebt, die jetzt in die Kopie des westlichen Wachstums mit seinen Energieverbrauchsstandards einerseits drängen und andererseits gelockt werden. Die weinerlichen Begründungen der westlichen Welt, daß sie ihre die Ökosphäre zerstörenden wirtschaftlichen Strukturen angeblich im Interesse aller nur sehr langsam ändern könne, erweisen sich als eine dreiste Täuschung: Tatsächlich giert der Westen mit der Massenmotorisierung in Südasien und Südostasien, mit dem Verkauf von Atom- und Kohlekraftwerken auf das größte Geschäft der Wirtschaftsgeschichte. Ungerührt von den Empfehlungen der Weltklimakonferenzen wird der zerstörerische Einsatz herkömmlicher Energien fortgeschrieben, so daß bis zum Jahr 2010 die globalen Energieemissionen nochmals um 50 Prozent gesteigert sein werden.

Die Opfer dieser Entwicklung haben immer weniger Grund, ihre Situation danach zu bewerten, ob die jeweiligen Urheber legal oder illegal operieren oder ob sie demokratisch legitimiert sind.

Wenn die Legalität offensichtlich unverantwortliche Entwicklungen erlaubt, geht die Legitimationsgrundlage eines politischen Systems verloren – ebenso wie ein Treueeid auf ein verbrecherisches System nicht mehr gilt. Wer keinen existentiellen Rechtsschutz mehr bekommt, akzeptiert letztlich auch keine Rechtsverhältnisse mehr. Wenn aber der legale Rahmen nicht mehr den legitimen Bedürfnissen allgemeinen Überlebens gerecht wird, muß er verändert werden. Wenn er nicht mehr verändert werden kann, wird er zerbrechen, selbst wenn alle daran festhalten wollten.

Die begrenzten Gesetzesverletzungen, wie sie Aktivisten von Greenpeace, Robin Wood oder den britischen Sea Shepherds praktizieren, stoßen – völlig zu Recht – auf große Sympathie in großen Teilen der Bevölkerung, weil sie sich gegen zwar legale, aber ethisch illegitim gewordene Strukturen richten. Bilden sich die Weltkonzerne, wenn sie die Saatgüter und die Patente über natürliche Ressourcen flächendeckend monopolisiert haben, tatsächlich ein, sie könnten die Regierungen der Dritten Welt auf Dauer dafür einspannen, *für* internationale Monopolisteninteressen *gegen* die eigene revoltierende Bevölkerung vorzugehen? Die Institutionen werden weggefegt und mit ihnen die internationale Rechtsordnung, falls sie nicht grundlegend geändert wird – und falls dies nicht rechtzeitig geschieht.

Von der Gefahr eines »neuen Mittelalters« spricht Alain Minc: »Wir haben die Folgen einer ökonomischen Entscheidung kennengelernt, die wir als Mitglieder des riesigen Mittelstandes aus reinem Egoismus getroffen haben: Bewahrung unseres Lebensstandards auf Kosten von Millionen Ausgeschlossener. Nachdem wir das Pharisäertum auf die Spitze getrieben hatten, hofften wir, diese Untergesellschaft bliebe besonnen.« Durch die weitere Globalisierung dieses Egoismus werden es Milliarden Ausgeschlossener. Wenn wir gleichzeitig bedenken, daß die meisten zivilisatorischen Brüche in einem kurzen Zeitraum von ungefähr 20 Jahren eingetreten sind, dann läßt sich daran die potentielle Geschwindigkeit weiterer und größer werdender Brüche ablesen. »Wenn den einzelnen Staaten nicht ein Minimum an Fortbestand und eigener Identität gewährt wird, ... braucht man gar nicht erst lauthals nach politischer Kühnheit und Vorstellungsvermögen zu schreien.

Diese setzen nämlich noch handlungsfähige Spieler und einen ideologischen Korpus voraus, der in der Lage ist, sie zu stützen: Gibt es ihn noch zu einem Zeitpunkt, wo wir intellektuell den Eindruck haben, das Ende der Moderne zu erleben?« Das Ende dieser Moderne ist die militante wirtschaftslibertäre Formierung der Weltgesellschaft, die sich nicht vorstellen kann oder will, daß trotz so viel intelligenten und weltumspannend eingesetzten technischen Fortschritts ein Fall ins Bodenlose eintreten wird, weil die Technologien vor allem für eine effektivere Durchsetzung asozialer Interessen eingesetzt werden.

»Unzulänglichkeiten« der westlichen Demokratie beruhen nach Auffassung des eingangs zitierten Fukuyama »auf einer unzureichenden Verwirklichung von Freiheit und Gleichheit, den beiden Grundprinzipien der modernen Demokratie«. Mit der fundamentalistischen Praktizierung wirtschaftslibertär verstandener Freiheit, die zu einem exklusiven Recht von Weltkonzernen in den und über die Staaten ausgeartet ist, sind beide Grundprinzipien in Frage gestellt. Was daraus entsteht, hat nichts mehr mit »Unzulänglichkeiten« zu tun, sondern führt zu einem Delirium der politischen Ordnung. Wenn Fukuyamas These von der Vollendung der Geschichte durch das Modell der westlichen Demokratie falsifiziert wird, dann vor allem, weil seine Grundannahme immer weniger zutrifft: daß der Westen gefeit sei gegen »fundamentale Widersprüche«.

Das Merkmal einer fundamentalistischen Einstellung, daß man die eigenen Irrationalismen nicht wahrnimmt, findet sich auch in der These des amerikanischen Politikwissenschaftlers Samuel P. Huntington wieder, die künftigen Konflikte in der Weltpolitik würden nicht mehr in der Auseinandersetzung zwischen Staaten, sondern im »Kampf der Kulturen« ausgetragen: »Der mächtige Westen steht einem Nichtwesten gegenüber, der zunehmend den Wunsch, den Willen und die Möglichkeit besitzt, die Welt auf nichtwestliche Weise zu formen.« Der Westen, neben dem es nur noch fünf andere größere Kulturkreise gebe, müsse deshalb darauf achten, daß er seine militärische Weltpräsenz erhalte, die ihm am nächsten stehenden Kulturkreise wie Rußland und Japan durch enge Kooperation einbinde und eine militärische Erstarkung anderer möglichst verhindere. Es gelte, »innerhalb anderer Kulturen jene Gruppen zu unterstützen, die westlichen Werten und Interessen zuneigen«, und – nicht zu vergessen – »Unterschiede und Konflikte zwischen konfuzianischen und islamischen Staaten zu nutzen«.

Daß diese Kulturkreise möglicherweise wieder eine besondere Rolle in der internationalen Politik spielen, soll nicht bestritten werden. Doch ist es von entscheidender Bedeutung, wie man dies interpretiert. Es handelt sich dabei offensichtlich um – gut zu verstehende – Bemühungen in diesen anderen Kulturkreisen, die eigene kulturelle Identität zu behaupten beziehungsweise wiederzufinden. Dies gilt auch für den islamischen Fundamentalismus. Die Gründe liegen in den Erfahrungen dieser Kulturen mit dem westlichen Egoismus, auch und besonders nach dem Ende der Kolonialepoche. Dieser nimmt die westlichen wie die anderen Kulturen als weitgehend geschlossene Werte- und Interesseneinheiten und bedenkt nicht, daß die bessere Konfliktvermeidung für den Westen vielleicht darin bestehen könnte, seine ausbeuterische Rolle im internationalen Maßstab zu beenden. Die meisten Konflikte, die wie neue internationale Kulturkämpfe aussehen, sind soziale Konflikte. Die Rückbesinnung auf kulturelle Identitäten ist als ein sozialer Selbstschutz zu verstehen. Regierungen, die das fördern, nutzen diese Tendenz jedoch großenteils dazu, die kulturelle Tradition als Herrschaftsmittel nach innen gegenüber Demokratisierungsanstrengungen einzusetzen, und mißbrauchen sie damit, wie das zum Beispiel bei den feudalistischen arabischen Ölstaaten der Fall ist. Dabei machen kulturkämpferische Denkansätze – interessanterweise stellen sie sich mehr auf »Kampf« statt auf Kooperation ein – aber ihre politische Rechnung ohne die sozialen Explosionen, die von der wirtschaftslibertären Weltökonomie systematisch produziert werden. Dies ist nicht nur im Westen so, sondern auch in den anderen Kulturräumen. Deren Bemühungen um die Bewahrung ihrer kulturellen Identität stehen im eklatanten Widerspruch zu ihren Kopierversuchen des wirtschaftslibertären Modells. Was die westlichen nichtökonomischen Kulturmerkmale zerstört, wird die der anderen Kulturen ebenso zerstören.

Versuche, die ökonomistische Zerstörung gewachsener sozialer und natürlicher Lebensräume durch ethnozentrische Kulturideologien zu kompensieren, müssen in reaktionäre Gemetzel münden, die nicht nur ans Mittelalter erinnern, sondern an gänzlich vorzivilisatorische, archaische Formen des Überlebenskampfes.

Ingomar Hauchler beschreibt in »Globale Trends 1995«, daß sich in anderen Kulturen der Widerstand gegen den Westen verstärke, weil dessen ökonomisches und politisches System die »Grundbedürfnisse in anderen Kulturen nur beschränkt erfüllen kann«, vor allem weil sich das Gewicht der westlichen Grundwerte »einseitig auf eine materielle Orientierung hin verschoben hat« – statt diese »in einer neuen historischen Lage, die durch Globalisierung und brennende Natur gekennzeichnet ist«, neu zu bewerten.

»Die Welt wird eins. Die Welt verfällt. Fraglich ist, welche Tendenz obsiegt, ob die Horrorvision eines Weltbürgerkriegs ein bloßer Alptraum bleibt«, so Frank Niess in seiner Betrachtung »Eine Welt oder keine«. Die Horrorvision ist nur zu verhindern durch politische Träger, die sich des Ausmaßes und der Tiefe der sozialen und ökologischen Weltkrise bewußt sind und gegen diese eine für die gesamte Menschheit tragfähige Alternative setzen. Die tragenden politischen Kräfte im Westen sind aber gegenwärtig nicht nur weit davon entfernt, sondern sind selbst dabei, sich dem westlichen Fundamentalismus hinzugeben.

Quellennachweis

I. WEGE DES ERKENNENS – ZUSAMMENHÄNGE IM GROSSEN UND IM KLEINEN

Hannah Arendt/Mary McCarthy: Im Vertrauen. Briefwechsel 1949–1975. Herausgegeben und mit einer Einführung von Carol Brightman. Aus dem Amerikanischen von Ursula Ludz und Hans Moll. 1995, S. 68–79.

Harald Fritzsch: Die verbogene Raum-Zeit. Newton, Einstein und die Gravitation. Mit 109 Abbildungen. 1996, S. 322–332.

Jacob Liberman: Die heilende Kraft des Lichts. Der Einfluß des Lichts auf Psyche und Körper. Aus dem Amerikanischen von Hans Finck. Serie Piper 2005, 1996, S. 107–112.

Yehudi Menuhin: Unterwegs. Erinnerungen 1976–1995. Aus dem Englischen von Inge Leipold. 1996, S. 154–157.

Jacob Needleman: Ein guter Arzt ist die beste Medizin. Heilung statt Reparatur. Aus dem Amerikanischen von Jochen Eggert. 1996, S. 15–20.

Peter Wapnewski: Weißt du wie das wird...? Richard Wagner: Der Ring des Nibelungen. Erzählt, erläutert und kommentiert. Mit 50 Abbildungen und 80 Notenbeispielen. 1995, S. 52–56.

Edward O. Wilson: Der Wert der Vielfalt. Die Bedrohung des Artenreichtums und das Überleben des Menschen. Aus dem Amerikanischen von Thorsten Schmidt. Mit 18 Farbtafeln und 42 Abbildungen. 1995, S. 419–429.

II. ORDNUNGEN – DAS NAHE UND DAS FERNE

Werner Heisenberg: Der Teil und das Ganze. Gespräche im Umkreis der Atomphysik. Serie Piper 2297, 1996, S. 15–20.

Karl Jaspers: Das Wagnis der Freiheit. Gesammelte Aufsätze zur Philosophie. Herausgegeben von Hans Saner. 1996, S. 266–273.

Hans Jellouschek: »Warum hast Du mir das angetan?« Untreue als Chance. 1995, S. 160–164.

Jürgen Roth: Der Sumpf. Korruption in Deutschland. Mit einem Nachwort von Heinke Salisch MdEP. 1995, S. 36–41.

Sybil Gräfin Schönfeldt: Kinder brauchen Großmütter. Serie Piper 2127, 1996, S. 62–70.

III. BILANZ – ERFAHRUNGEN UND LERNPROZESSE

Bernhard vom Brocke: Das verschenkte Erbe. Über die Vernachlässigung der Wissenschaftsgeschichte in Deutschland, in: Ernst Peter Fischer (Hrsg.): Neue Horizonte 95/96. Ein Forum der Naturwissenschaften. 1996, S. 147–154.

Eugen Drewermann: Das Königreich der Seele. Predigten über die Bücher Samuel und Könige. Herausgegeben von Bernd Marz. 1996, S. 205–208.

François Furet: Das Ende der Illusion. Der Kommunismus im 20. Jahrhundert. Aus dem Französischen von Karola Bartsch, Eliane Hagedorn, Christiane Krieger und Barbara Reitz. 1996, S. 324–332.

Heiko Haumann: Geschichte Rußlands. 1996, S. 98–102.

Gilles Kepel: Allah im Westen. Die Demokratie und die islamische Herausforderung. Aus dem Französischen von Inge Leipold. 1996, S. 90–103.

Colin Powell (mit *Joseph E. Persico*): Mein Weg. Aus dem Amerikanischen von Enrico Heinemann, Norbert Juraschitz und Reinhard Tiffert. 1996, S. 172–178.

Hans-Jochen Vogel: Nachsichten. Meine Bonner und Berliner Jahre. 1996, S. 350–358.

IV. NEUE WIRKLICHKEITEN – AUF HERAUSFORDERUNGEN ANTWORTEN

Daniel Cohen: Die Gene der Hoffnung. Die Entschlüsselung des menschlichen Genoms und der Fortschritt in der Medizin. Mit einem Vorwort von Jean Dausset. Aus dem Französischen von Inge Leipold. 1995, S. 204–208.

Heiko Ernst: Psychotrends. Das Ich im 20. Jahrhundert. 1996, S. 35–41.

Stuart Kauffman: Der Öltropfen im Wasser. Chaos, Komplexität, Selbstorganisation in Natur und Gesellschaft. Aus dem Amerikanischen von Thorsten Schmidt. 1996, S. 437–443.

Hans Küng: Wird sich ein Weltethos durchsetzen?, in: Hans Küng (Hrsg.): Ja zum Weltethos. Perspektiven für die Suche nach Orientierung. 1995, S. 13–16.

Linda Ojeda: Wechseljahre. Der andere Weg. Aus dem Amerikanischen von Helga Kästner. Serie Piper 1998, 1996, S. 133–135.

Hermann Scheer: Zurück zur Politik. Die archimedische Wende gegen den Zerfall der Demokratie. 1995, S. 84–90.

Die Autoren

Hannah Arendt, geboren 1906 in Hannover, gestorben 1975 in New York. 1933 Emigration nach Frankreich, 1940 Flucht in die USA. 1963 Professorin an der University of Chicago, war ab 1968 Professorin für Politische Philosophie an der New School for Social Research in New York.

Bernhard vom Brocke, geboren 1939 in Wuppertal. Studium der Geschichte in Göttingen, Berlin, Hamburg und Harvard, seit 1993 Professor für Neuere Geschichte und Wissenschaftsgeschichte in Kassel.

Daniel Cohen, geboren 1951 in Tunis. Studium der Medizin, arbeitete als Arzt in Paris und wurde schließlich Mitarbeiter im Labor des Medizin-Nobelpreisträgers Jean Dausset. Cohen ist Mitbegründer des Centre d'Étude du Polymorphisme Humain (CEPH) in Paris und führender Kopf des französischen Genom-Projekts.

Eugen Drewermann, geboren 1940 in Bergkamen (Nordrhein-Westfalen). Studium der Philosophie, Theologie und Psychologie, Dr. phil. habil. Seit seiner Verbindung von Tiefenpsychologie und Theologie steht er im Konflikt mit der katholischen Kirche, 1991 Lehr- und Predigtverbot. Übt seit 1992 sein Priesteramt (zuletzt in einer Paderborner Pfarrgemeinde) freiwillig nicht mehr aus.

Heiko Ernst, geboren 1948 in Rastatt (Baden-Württemberg). Studium der Psychologie. Seit 1979 Chefredakteur der Zeitschrift »Psychologie heute«.

Harald Fritzsch, geboren 1943 in Zwickau. Physikstudium in Leipzig, Promotion 1971 an der TU München, 1972 bis 1976 Fakultätsmitglied des Caltech in Pasadena/Kalifornien. Seit 1979 ordentlicher Professor für theoretische Physik an der Universität München und Gastprofessor am Max-Planck-Institut für Physik in München.

François Furet, geboren 1927 in Paris. Langjähriger Direktor der École des Hautes Études en Sciences Sociales in Paris, gegenwärtig Professor an der Universität Chicago und Präsident der Stiftung Saint-Simon.

Heiko Haumann, geboren 1945 in Attendorn (Nordrhein-Westfalen). Dr. phil., studierte Geschichte, Politik, Soziologie und Pädagogik an den Universitäten Marburg und Frankfurt/Main. Seit 1991 Professor für Osteuropäische und Neuere Allgemeine Geschichte an der Universität Basel.

Werner Heisenberg, geboren 1901 in Würzburg, gestorben 1976 in München. Ab 1946 Direktor des Max-Planck-Instituts für Physik in Göttingen, ab 1958 des Max-Planck-Instituts für Physik und Astrophysik in München. 1933 erhielt er (für 1932) den Nobelpreis für Physik.

Karl Jaspers, geboren 1883 in Oldenburg, gestorben 1969 in Basel. Ab 1916 Professor für Psychologie, ab 1921 für Philosophie an der Universität Heidelberg; 1937 seines Amtes enthoben. Von 1948 bis 1961 Professor für Philosophie in Basel. Jaspers gilt als einer der Hauptvertreter der Existenzphilosophie.

Hans Jellouschek, geboren 1939 in Linz/Österreich. D. theol., ist als Eheberater und Lehrtherapeut für Transaktionsanalyse tätig, zusammen mit seiner Frau Margarethe Kohaus-Jellouschek in einer freien Praxis für Paartherapie bei Tübingen.

Stuart Kauffman, geboren 1939 in Sacramento/Kalifornien. Mediziner und Biologe, erhielt seine Ausbildung u. a. am Darthmouth College, in Oxford und San Francisco, Tätigkeit als Arzt in Cincinnati und am National Cancer Institute in Bethesda. War Professor für Biophysik und Biochemie an der University of Pennsylvania. Zur Zeit arbeitet er am Santa Fe Institute.

Gilles Kepel, geboren 1955 in Paris. Professor für Arabistik an der Fondation Nationale des Sciences Politiques in Paris, gilt als einer der besten französischen Kenner des Islam.

Hans Küng, geboren 1928 in Sursee (Kanton Luzern). War von 1980 bis 1996 fakultätsunabhängig Professor für ökumenische Theologie und Direktor des Instituts für Ökumenische Forschung an der Universität Tübingen.

Jacob Liberman, geboren 1947 in Havanna/Kuba. Studierte Medizin an der Universität von Georgia/USA, Spezialgebiet Optometrie. Seit 1973 praktiziert er als Augenarzt und als Therapeut für Menschen mit Lernschwächen. Forschungen auf dem Gebiet der Foto-Licht-Therapie.

Mary McCarthy, geboren 1912 in Seattle/Washington, gestorben 1989 in New York. Amerikanische Schriftstellerin, Kunst- und Theaterkritikerin, lebte nach schriftstellerischen Anfängen in New York seit den fünfziger Jahren in Italien und Frankreich. Veröffentlichte gesellschaftskritische Essays, Reportagen und Romane.

Yehudi Menuhin, geboren 1916 in New York als Sohn russisch-jüdischer Eltern. Studium des Geigenspiels bei Louis Persinger, Georges Enescu, Adolf Busch u. a., konzertiert seit seinem siebten Lebensjahr; seit vielen Jahren auch als Dirigent tätig. 1956 Gründung des Festivals in Gstaad, 1963 der Yehudi Menuhin School, 1977 der International Menuhin Music Academy.

Jacob Needleman, geboren 1934 in Philadelphia. Studium der Medizin, dann der Philosophie in Harvard, Yale und Freiburg. Seit 1967 Professor für Philosophie an der San Francisco State University.

Linda Ojeda ist Ernährungswissenschaftlerin und Beraterin mehrerer Gesundheitseinrichtungen. In ihrem Buch »Exclusive Female« hat sie sich als erste mit dem Einfluß der Ernährung auf Menstruationsbeschwerden und das prämenstruelle Syndrom auseinandergesetzt. Lebt in Alameda/Kalifornien.

Joseph E. Persico, geboren 1930 in Gloversville/New York. Verfasser von Biographien und Romanen.

Colin Powell, geboren 1937 in New York. 1987 bis 1988 nationaler Sicherheitsberater von Präsident Ronald Reagan, 1989 bis 1993 Vorsitzender der Vereinten Stabschefs der US-Streitkräfte.

Jürgen Roth, geboren 1945 in Frankfurt/Main. Seit 30 Jahren als Publizist und Fernsehjournalist tätig, zahlreiche Fernsehdokumentationen im Bereich des investigativen Journalismus.

Hermann Scheer, geboren 1944 in Wehrheim (Hessen). Dr. rer. pol., seit 1980 Mitglied des Deutschen Bundestags, seit 1983 auch Mitglied der Parlamentarischen Versammlung des Europarats. Seit 1988 Präsident der European Solar Energy Association EUROSOLAR. Herausgeber des internationalen »Yearbook of Renewable Energies«.

Sybil Gräfin Schönfeldt, geboren 1927 in Bochum. Studium der Germanistik und Kunstgeschichte, 1951 Promotion. Heirat 1957, zwei Söhne. Zahlreiche Bücher für Kinder und Erwachsene. Lebt als erfolgreiche freie Journalistin für Zeitungen, Zeitschriften, Funk und Fernsehen in Hamburg.

Hans-Jochen Vogel, geboren 1926 in Göttingen. Nach Kriegsdienst und Gefangenschaft juristisches Studium, 1950 Promotion und Eintritt in die SPD. 1960 bis 1972 Oberbürgermeister von München, 1972 bis 1981 und 1983 bis 1994 Mitglied des Bundestages, ab 1974 Bundesjustizminister. 1981 Regierender Bürgermeister von Berlin, dann Oppositionsführer im Berliner Abgeordnetenhaus. Von 1983 bis 1991 Fraktionsvorsitzender der SPD im Deutschen Bundestag, 1987 bis 1991 SPD-Parteivorsitzender.

Peter Wapnewski, geboren 1922 in Kiel. Von 1959 bis 1966 Professor der deutschen Philosophie in Heidelberg, anschließend an der FU Berlin, ab 1969 in Karlsruhe. 1980 bis 1986 Rektor des Wissenschaftskollegs in Berlin, 1982 bis 1990 Professor an der TU Berlin. Zahlreiche Veröffentlichungen, u. a. zu Richard Wagner.

Edward O. Wilson, geboren 1929 in Birmingham/Alabama. Studium an der University of Alabama und an der Harvard University. Professor für Naturwissenschaften in Harvard. Zwei seiner Bücher (»On Human Nature«, »The Ants«) wurden mit dem Pulitzerpreis ausgezeichnet. Wilson ist einer der Begründer der Soziobiologie und ein namhafter Ameisenforscher.